Claudia Niklas
Andreas Niklas

Die Rätselhaften

Claudia Niklas
Andreas Niklas

Die Rätselhaften

Wie Hochbegabte
besser mit sich
und anderen leben

Kösel

Der Kösel-Verlag weist ausdrücklich darauf hin, dass im Text enthaltene externe Links vom Verlag nur bis zum Zeitpunkt der Buchveröffentlichung eingesehen werden konnten. Auf spätere Veränderungen hat der Verlag keinerlei Einfluss. Eine Haftung des Verlags für externe Links ist stets ausgeschlossen.

Verlagsgruppe Random House FSC® N001967

Copyright © 2017 Kösel-Verlag, München,
in der Verlagsgruppe Random House GmbH,
Neumarkter Str. 28, 81673 München
Umschlag: Weiss Werkstatt, München
Umschlagmotiv: © shutterstock/Artem Kovalenco|Bild NR. 206615656
Lektorat: Dr. Ulrike Kretschmer, München
Herstellung und Typografie: René Fink, München
Satz: Leingärtner, Nabburg
Druck und Bindung: CPI books GmbH, Leck
Printed in Germany
ISBN 978-3-466-31078-4
www.koesel.de

Dieses Buch ist auch als E-Book erhältlich.

Inhalt

Experten-Vorwort 9

Insider-Vorwort 15

Cocktail zum Vorglühen 21

Die Fallen 31

Problemzone Gesellschaft 32
Fressen und gefressen werden 32
   Angst und Feindseligkeit 35
Heilig oder unheilig 37
Peepshow 40
Problemzonenbehandlung 42

Risikozone Eltern 43
Hürdenlauf 44
Authentizität 48
Wurzeln und Flügel 49
Ranken und Rankgitter 52
Sein oder Schein 54
   Der Widerspenstigen Zähmung 55
Sein oder Nichtsein 56
   Verschwunden 60

Lange Schatten 62
Sonnenschein 65

Gefahrenzone Hochbegabung 67
Intelligenz 68
Hochbegabung 70
Alles gut 75
Alles schlecht? 78
Alles anders! 80
   Hohe Gestaltungsmotivation 82
   Geringe Führungsmotivation 83
   Geringe Handlungsorientierung 85
   Geringe Sensitivität 86
   Geringe Kontaktfähigkeit 87
   Geringe Soziabilität 89
   Geringe Teamorientierung 90
   Geringes Selbstbewusstsein 92
   Geringe emotionale Stabilität 93
   Geringe Belastbarkeit 95
Wer hat recht? 97
Bruchstelle 99

Die Auswege 103

Öffentlich werden 106
Runter von der Insel 107
Praunheims Paukenschlag 108

Mitmenschlich werden 115
Reden und Schweigen 116
Geschwindigkeit 119
Geduld 121

Perspektivwechsel 122
Anspruchshaltung 123
Analyse 126
Verletzlichkeit 126
Verbissenheit 128
Entscheidungsschwäche 128
Entscheidungsstärke 130
Eigenlob 132

Echt werden 133
Berufe für den inneren Frieden 133
Authentizität 138
Heimliche Regisseure 142
    Angst vor Kontrollverlust – Zwang zur Klarheit 146
    Angst vor Gesichtsverlust – Zwang zum Perfektionismus . . . 146
    Angst vor Einsamkeit – Zwang zur Anpassung 147
Unheimliche Schatten 149

Satt werden 156
Wasser und Brot 156
Freiheit und Sicherheit 158
Mentaler Hunger 160
Innerer Frieden 162

Wach werden 164
Angst 165
Stillstand 167
Freuds Revolution 171
Verwandlung 175
Lebendigkeit 178

Dank 183
Anmerkungen 185
Literatur und Links 205

*Gott hat uns sicherlich
keinerlei Fähigkeiten gegeben mit der Bestimmung,
dieselben unter keinen Umständen zu gebrauchen.
Die Tatsache, dass wir die Fähigkeit besitzen,
ist an und für sich ein Beweis für die heilige Pflicht,
dieselbe zu erproben und zu entwickeln.*

Arthur Conan Doyle[1]

Experten-Vorwort

Hochbegabung beginnt – wissenschaftlich definiert – bei IQ 130. Diesen oder einen noch höheren Intelligenzquotienten haben zwei bis drei Prozent der Bevölkerung. Das heißt, auf einer – statistisch gesehen – sorgfältig gemischten Party mit hundert Gästen müssten diese zwei oder drei besonders Intelligenten sich erst einmal finden, um sich vielleicht endlich amüsieren zu können. Wahrscheinlicher ist aber, dass sie Pech haben und immerzu neben jemandem stehen, der eine ganz andere Wellenlänge hat. Und irgendwann im Verlauf des Abends stehen sie trostlos in einer Ecke, jeder in einer anderen, schauen dem Trubel zu und schweigen frustriert, bevor sie von der Bildfläche verschwinden und sich damit trösten, dass sie schließlich nichts dafür können, zu einer hoffnungslosen Minderheit zu gehören.

Andererseits:

Bei rund 80 Millionen Menschen in Deutschland sind das 1 600 000 bis 2 400 000 Menschen aller Altersklassen und Gesellschaftsschichten. Die Probleme, die oft mit Hochbegabung einhergehen, sind schon ab IQ 120, also bei rund zehn Prozent der Bevölkerung, zu beobachten, und das betrifft dann allein in unserem Staat schon acht Millionen.

Gemessen an den übrigen 90 Prozent ist das zwar noch immer eine Minderheit, aber eine große. Die gesamte Schweiz hat acht Millionen und Dänemark sogar nur 5,614 Millionen Einwohner.

Wir haben dieses Buch für all diejenigen geschrieben, die trotz oder vielleicht gerade wegen ihrer hohen Intelligenz immer wieder mit denselben privaten oder beruflichen Problemen zu kämpfen haben und nicht wissen, was sie tun sollen. Wir wenden uns an Erwachsene, und zwar ausdrücklich auch an die Eltern intelligenter und sehr intelligenter Kinder, denn die Probleme, unter denen Erwachsene leiden, haben normalerweise und oft unbemerkt in der Kindheit begonnen.

Grundsätzlich haben wir dieses Buch für möglichst viele Menschen geschrieben und nicht für eine Handvoll Spezialisten. Es ist ein Buch für Hochbegabte, aber auch für Menschen, die völlig normal sind. Denn viele, wenn nicht die meisten der angesprochenen Probleme sind – entgegen der herrschenden Meinung – nicht spezifisch und ausschließlich der Hochbegabung zuzuordnen, sondern grundlegend menschlicher Natur. Und wenn wir auf den nächsten Seiten immer von Hochbegabten und Hochbegabung schreiben, stören Sie sich nicht daran. Auch Sie können sich mit Ihren Problemen wiedererkennen und hoffentlich eine für Sie optimale Lösung finden.

Hochbegabte haben oft die gleichen Schwierigkeiten wie andere Menschen auch: Ängste, Partnerschaftsprobleme, Familienkonflikte, Stress in der Arbeit, Überforderung in der aktuellen Lebenssituation, Krankheiten, Einsamkeit, Unzufriedenheit mit ihrem Leben. Aber daneben gibt es Fragen, die ganz typisch für Hochbegabte sind. Warum bin ich so? Könnte Hochbegabung eine Erklärung für meine Probleme sein? Und wenn ich hochbegabt bin, wie kann ich meine Fähigkeiten nutzen, um mich endlich wohlzufühlen?

Der Wunsch, sich selbst besser zu verstehen und Wege zu finden, zufrieden und glücklich zu werden, steckt in jedem Menschen. Aber bei hochbegabten Erwachsenen kann dieses Bedürfnis quälend groß werden, wenn sie auf ihre Fragen keine befriedigenden Antworten bekommen.

Ich habe immer wieder Anfragen von Journalisten, die Artikel über Hochbegabung schreiben oder Filme über das Thema drehen und wissen wollen, wie denn so ein Hochbegabter aussieht, was er denkt, was er tut, und wie sich seine Hochbegabung erkennen lässt? Medienleute glauben oft, wenn sie mit der TV- oder Print-Kelle winken, sind alle Hochbegabten (HB) sofort begeistert und springen auf den Zug auf. Aber das Gegenteil ist der Fall. Die meisten HBs outen sich nicht, weil sie sich nicht gern als hochbegabt etikettieren lassen und Angst haben, im schlimmsten Fall mit einseitigen und reißerischen Darstellungen vorgeführt zu werden.

Viele intelligente Menschen sind schüchtern und verschlossen, wenn es um sie selber und um eine befürchtete Zurschaustellung ihrer Probleme geht. Zugeben zu müssen, dass sie etwas trotz ihrer hohen Intelligenz nicht gemeistert haben, ist ihnen oft so peinlich, dass eine Veröffentlichung einer Zurschaustellung gleichkommt. Viele Faktoren müssen erfüllt sein, bevor sie sich öffnen. Vor allem brauchen sie Vertrauen, damit sie sich sicher fühlen können, und sie brauchen die Gewissheit, dass ihre Probleme ernst genommen und verstanden werden.

Für dieses Buch haben wir tief in unsere Wissens- und Erfahrungskisten gegriffen, in die professionellen und in die bisweilen sehr intimen. Neben psychologischen, pädagogischen und soziologischen wissenschaftlichen Erkenntnissen stehen sehr persönliche Statements, die einen direkten Einblick in die Vorstellungen, Befürchtungen und Hoffnungen ganz normaler Hochbegabter gewähren. Die Erzählungen von IQ 145/w sind die meiner Frau. Alle anderen Hochbegabten haben wir so anonymisiert, dass die Privatsphäre der jeweiligen Person unangetastet bleibt. Die O-Töne – in Kursivschrift – sind lediglich mit *w* oder *m* für *weiblich* oder *männlich* sowie mit dem jeweiligen IQ-Wert personalisiert. Es ist klar, dass diese Statements überwiegend in Zeiten der Not gemacht wurden. Wenn alles endlich in Ordnung ist, bekomme ich zwar oft gute, aber doch sehr kurze Feedbacks von meinen Klienten, sodass sie in diesem Buch naturgemäß eher bei den Problemkapiteln auftauchen als bei den Lösungen.

Dieses Buch ist aus unseren unzähligen Gesprächen zum Thema entstanden. Eine strikte Einteilung in die Bereiche der Insiderin und diejenigen des Experten wollten wir nicht. Denn erstens stört es den Lesefluss, zweitens ist meine Frau inzwischen eine autodidaktische

Expertin im Bereich Hochbegabung und drittens habe ich im Laufe der Jahre das Thema so unmittelbar und persönlich kennengelernt, dass ich es – fast – von innen verstehen kann. Dieses Buch zu schreiben, war ein Abenteuer von zwei Gräbern, die wussten, wo das Gold zu finden war, aber nicht, wie viel!

Andreas Niklas

Höheren Wert hat aber nur das,
was man persönlich rätselhaft empfangen hat
und was kein anderer mit einem teilt.

Theodor Fontane[2]

Insider-Vorwort

Lachen Sie ruhig.

In meinem Kopf war nur ein einziges Wort, als ich meinem Sohn zum ersten Mal ins Gesicht sah. *ALIEN.*

Ich war entsetzt über mich selber. Das grässliche Wort tat mir nicht einmal den Gefallen, flüchtig durch mein Gehirn zu flattern, sondern stand da in Großbuchstaben wie auf einem Plakat. Natürlich habe ich es sofort durch ein anderes, netteres Wort ersetzt, ich weiß nicht mehr, welches.

Aber Alien war aufdringlich, das Wort setzte sich fest. Und je länger ich unseren Sohn kannte, desto mehr kam ich zu der Überzeugung, dass er vielleicht wirklich von einem anderen Stern ist, denn nichts machte er so wie alle anderen.

Selbst die Regie für seine Zeugung scheint er übernommen zu haben. Uns ist bis heute ein Rätsel, wie er das gemacht hat.

Sein erstes Wort war nicht Mama und nicht Papa. Es war NEIN.

Spielregeln galten nur für die anderen. Verlieren durften auch nur die anderen. Er war abgrundtief asozial, unangepasst, egoistisch. Er war auch zuckersüß.

Wenn er nicht gewesen wäre, hätten wir uns vielleicht nie mit dem Thema Hochbegabung auseinandergesetzt. Aber bei so einem Kind und einem Vater, der Psychologie studierte und sich zufälligerweise gerade mit genau diesem Thema beschäftigte, ergab es sich fast von allein, dass wir wissen wollten, ob unser kleiner Tyrann ein Hochbegabter ist. Mein Mann testete ihn mit dem Ergebnis IQ 133, als unser Sohn vier Jahre alt war.

Also hochbegabt und verhaltensgestört?

Wir brauchten dringend Hilfe.

Wir mussten sofort alles wissen, was es zum Thema Hochbegabung gab. Einige Bücher waren damals, im Jahr 2001, zum Glück schon auf dem Markt, und nach und nach wurden wir Experten zum Thema hochbegabtes Kind, sowohl theoretisch als auch praktisch.

Wie kommuniziert man mit einem hochbegabten Kind?

Allein die Antwort auf diese eine kleine Frage hat uns Jahre voller Geduld und Tapferkeit gekostet. Und sich ausgezahlt.

Heute ist unser Sohn 19. Charmant, witzig und cool, sensibel, gesellig und anpassungsfähig, aber mit eigenem Kopf.

Während der Schulzeit unserer Kinder hielt mein Mann immer wieder Vorträge in Schulen, weil Hochbegabung für die meisten Lehrer absolutes Neuland war. Dann wurde er Mitglied der Expertengruppe des BDP (Berufsverband der deutschen Psychologen) und schließlich zum Vorsitzenden gewählt.

Währenddessen eroberten die Bücher über das hochbegabte Kind den Markt. Das gesellschaftliche Bewusstsein sensibilisierte sich enorm für das Thema, und die Zahl der Kinder, die mein Mann in seiner Praxis auf Hochbegabung testete, nahm kontinuierlich zu.

Die Erwachsenen folgten nur zögerlich, weil sie an sich selber Ähnlichkeiten mit ihren Kindern feststellten. Und nachdem sie sowieso schon die eine Frage gestellt hatten, »Ist mein Kind hochbegabt?«, war es nur noch ein kleiner Schritt zur nächsten Frage: »Bin ich selber etwa auch hochbegabt?«

In der Praxis stellte sich heraus, dass hochbegabte Kinder meistens mindestens einen hochbegabten Elternteil haben, wenn nicht sogar zwei. Es folgten mehr und mehr Eltern, die sich testen lassen wollten, um Gewissheit über sich selber zu haben, aber noch immer überwiegt die Anzahl der getesteten Kinder bei Weitem. Das aktuelle Verhältnis zwischen Kindern und Erwachsenen liegt bei etwa 9:1 (zwei Drittel der Erwachsenen sind übrigens weiblich).

Was die Bücher zu den Themen *hochbegabte Kinder* und *hochbegabte Erwachsene* betrifft, so ist das Verhältnis noch drastischer, aber auch dieser Bereich bessert sich, und inzwischen kommen sogar immer mehr kinderlose Erwachsene in die Praxis. Die Zeit scheint also mehr als reif zu sein, das Bewusstsein zu diesem Thema will sich entfalten. Und ich?

Genau wie die Eltern in der Praxis fand auch ich immer mehr Ähnlichkeiten zwischen meinem Sohn und mir selbst. Ich könnte ein Buch darüber schreiben. Aber jahrelang war alles andere immer wichtiger, dringlicher, beachtenswerter, und schlecht ging es mir ja nicht.

Mein Mann testete mich erst 2011. Als ich das Ergebnis hörte, war ich schockiert.

Was? So eine Intelligenzbestie bin ich doch gar nicht!

Mein Mann grinste: »Das denken die anderen auch alle von sich.«

Das wusste ich nicht.

Ich bin aber ein neugieriger Mensch, der sich seit ewigen Zeiten immer wieder dieselbe Frage stellt.

Wer bin ich?

Ein faszinierendes Rätsel, das nie lockerließ. Und deshalb war die Zahl nur ganz zu Anfang ein Schock. Unmittelbar darauf entfaltete sie eine Wirkung, mit der ich nicht gerechnet hatte. Die 145 fing an, mich zu beruhigen. Als hätte ich endlich einen Anker. Als wäre ich in diesem unendlichen Koordinatensystem der Menschheit plötzlich geortet.

Ich mag Rätsel.

Wenn meine Kinder ein Problem hatten und unglücklich waren, habe ich oft gesagt: »Probleme sind zum Lösen da. Also, was genau ist das Problem? Und wie können wir das klären?« Das Gute daran war, dass wir immer ziemlich schnell wussten, welches das Problem war. Man konnte es packen, drehen, wenden und schütteln.

Nur mit mir selber war das immer anders. Ich wusste, dass ich einige Probleme hatte, aber ich konnte sie weder packen noch drehen und wenden oder schütteln. Mit der Testdiagnose sah das plötzlich ganz anders aus, denn auf einmal kannte ich den Namen eines Rätsels, das gelöst werden wollte, um endlich auch das alte Ich-Rätsel auflösen zu können. Ich saß plötzlich in Startlöchern, die vorher nicht da waren. Aber mit der Zeit merkte ich nicht nur, dass der Begriff »Hochbegabung« sehr komplex ist, sondern auch, dass es auf viele meiner Fragen gar keine Antworten gab. Einige habe ich gefunden, allein und in Gesprächen mit meinem Experten. In diesem Buch haben wir sie aufgeschrieben.

Ich habe lange darüber nachgedacht, ob ich mich outen soll. Viele Hochbegabte tun das gar nicht gern, und ich bin nun mal eine. Ich fing an, darüber nachzudenken, warum ich überhaupt darüber nachdenken musste, und kam zu folgendem Ergebnis: Das Problem heißt Tabuisierung. Es fragte sich nur, wer hier eigentlich tabuisierte. Ich oder alle anderen?

Wenn man bedenkt, wie viele Menschen sich in Tabubereichen schon geoutet und damit dem gesellschaftlichen Bewusstsein fruchtbare Kicks gegeben haben, warum sollte das für den Bereich Hochbegabung denn nicht genauso sein? Themen wie Abtreibung und Homosexualität sind nach Zeiten heftigster Verurteilung inzwischen fast nicht mehr des Teufels, sondern können mit den meisten Menschen sachlich diskutiert werden.

Nur Hochbegabung scheint immer noch zum Davonlaufen zu sein. Dabei sind Hochbegabte ziemlich normale Menschen, von deren besonderen Fähigkeiten Mitmenschen immer wieder profitieren, und zwar nicht nur, wenn es um Astrophysik, sondern um Dinge des ganz gewöhnlichen Alltags geht. Und tatsächlich können Hochbegabte, die sich das Leben oft selber so schwer machen, mit sich ins Reine kommen und von sich selbst profitieren.

Wir wünschen uns, dass dieses Buch Ihnen Antworten auf wichtige Fragen geben kann. Wir wünschen uns auch, dass es Sie dazu inspiriert, sich andere Fragen zu stellen als bisher, dass es Ihnen hilft, große Schritte auf Ihrem Weg zu sich selbst zu machen, und dass Sie sehr viel Spaß beim Lesen haben!

Claudia Niklas

Dem Anwenden muss Erkennen vorausgehen.

Max Planck[3]

Cocktail zum Vorglühen

Ein Ratgeber ist kein Kochbuch! Selbst wenn alle Leser dieses Buchs das gleiche Problem hätten, könnten wir Ihnen keine gebrauchsfertige Anleitung liefern, und schon wäre alles in Ordnung. Erwarten Sie also keine Rezepte. Mit pauschalen Ratschlägen lassen sich komplexe Probleme einfach nicht lösen, und menschliche Probleme sind nun mal komplex. Wenn Sie jedoch zu den Intelligenten gehören, und davon gehen wir aus, denken Sie gern, und deshalb haben Sie gute Chancen auf reiche Erkenntnis und individuelle Problemlösung.

Die Arbeit mit der Lupe kommt erst später. Für den Anfang wollen wir es uns leicht machen.

Unser Ratgeber ist zwar kein Kochbuch – einen außergewöhnlichen Cocktail wollen wir Ihnen aber auf keinen Fall vorenthalten. Der Cocktail sind Sie selber! Mit Ihren eigenen, speziellen Zutaten: Ihren Stärken und Schwächen, Ihren Vorlieben und Abneigungen. Je nachdem, was drin ist und wer gemischt hat, ist Ihr Cocktail entweder herrlich oder langweilig oder fürchterlich. Finden Sie heraus, welche Ingredienzien Ihren so süß, sauer oder gar bitter schmecken lassen!

Ihre persönlichen Zutaten finden Sie ganz leicht in unserer Checkliste. Es sind Verhaltens- und Persönlichkeitsmerkmale, die Ihnen bekannt vorkommen sollten, aber auch von Ihrer Umwelt registriert werden können.

Die Checkliste ist ein schneller Einstieg für alle Eiligen, die in fünf Minuten wissen wollen, ob sie zu der besonderen Gruppe der Hochbegabten gehören. Wer sich hier nicht wiederfindet, sollte trotzdem weiterlesen. Denn die genannten Stärken, Schwächen, Vorlieben und Abneigungen bergen für jeden Leser viel Potenzial, um die eigenen Chancen und Risiken zu analysieren.

Die Erfahrung hat gezeigt, dass manche der gelisteten Eigenschaften auf die Mehrheit der Hochbegabten zutreffen, aber nicht auf alle. Und manche der Eigenschaften treffen natürlich auch auf Menschen zu, die nicht hochbegabt sind. Deshalb ist unsere Checkliste nur ein erster Wegweiser. Doch je öfter Sie sich wiederfinden, desto eher können Sie davon ausgehen, dass Sie zu der Spezies der besonderen Art gehören.

Wir nehmen an, dass Sie diese Zeilen gerade lesen, weil Sie mindestens ein Problem mit sich selber und/oder Ihrer Umwelt haben. Stellen Sie sich jetzt einfach vor, Sie wären ein Patient. In Ihrem Fall ist die Diagnose die leichteste Aufgabe. Entweder sind Sie hochbegabt oder jedenfalls ziemlich intelligent oder Sie finden dies noch heraus, weil Sie sich überwinden, einen Intelligenztest zu machen. Die Anamnese Ihrer potenziellen Probleme, also Ihre Leidensgeschichte und die Ursachenforschung, ist dagegen ein wahrhaft komplexes Gebilde, das oft im diffusen Gefühl des Andersseins mündet. Aber das Gefühl benennen zu können, hilft aus dem Schlamassel nicht heraus. Man muss tiefer graben, weiter denken und anders handeln, damit aus einem destruktiven ein konstruktives Gefühl werden kann.

Deshalb nehmen in diesem Buch die gesellschaftlichen, familiären und persönlichen Problemzonen, die zu Leid führen, einen großen Raum ein. Denn Wissen ist die halbe Miete. Je mehr Sie wissen und je genauer Sie die Zusammenhänge auf Ihr eigenes Leben übertragen können, desto näher kommen Sie den Lösungen, die Sie vom Überleben zum Leben führen, von der Andersartigkeit zum Status eines kostbaren Solitärs. Auch Hochbegabte können glücklich und zufrieden sein, wenn sie wissen, wie.

Aber nehmen Sie jetzt erst mal einen Stift zur Hand!

20 Stärken

Beobachtung/ Wahrnehmung	Sie können außergewöhnlich scharf beobachten.	☐
Fragen	Sie können sehr neugierig sein, wenn Sie etwas herausfinden wollen.	☐
Denken	Wenn Sie ein Thema reizvoll oder herausfordernd finden, können Sie außergewöhnlich tief, schnell, scharf und kreativ denken.	☐
Reden	Sie haben einen überdurchschnittlichen Wortschatz.	☐
Antworten	In selbst gewählten Spezialgebieten sind Sie oft ein wandelndes Lexikon.	☐
Spielen	Vor allem mental (aber auch in musischen Bereichen) können Sie extrem kreativ sein, fühlen sich dann quicklebendig und freuen sich wie ein Kind.	☐
Analyse	Bei Interesse für ein Thema oder das Problem eines anderen Menschen können Sie schnell analysieren.	☐
Synthese	Oft haben Sie einen Metablick und können damit vom Kleinen der verschiedensten Dinge auf das große Gemeinsame schließen.	☐
Konzentration	Wenn eine Aufgabe Sie reizt und herausfordert, können Sie sich vollkommen vertiefen und extrem gut konzentrieren.	☐
Höchstleistung	Sie laufen zur Hochform auf, wenn Sie fasziniert sind, und sind dann auch zu Höchstleistungen fähig.	☐
Schnelligkeit	Ihr Arbeitstempo kann sehr hoch sein.	☐
Autodidaktisches Lernen	Sie bringen sich gern selber bei, was Sie brauchen, um eine gestellte Aufgabe zu lösen und ein angestrebtes Ziel zu erreichen.	☐
Large Talk	Wenn ein – anspruchsvolles – Thema Sie fesselt, können Sie in Diskussionen Funken sprühen und in die Tiefe gehen.	☐
Distanz	Sie können verbindliche Beziehungen gut über weite Entfernungen und lange Zeiten aufrechterhalten.	☐

Verantwortung	Sie können gut Verantwortung übernehmen.	☐
Zuverlässigkeit	Sie können sehr zuverlässig sein.	☐
Empathie	Bei Interesse können Sie sich sehr gut in andere Menschen einfühlen.	☐
Idealismus	Sie können sehr idealistisch sein und handeln, wenn anderen Menschen Unrecht widerfährt.	☐
Tiefes Erleben	Sie können nicht nur komplex denken, sondern auch sehr fein empfinden und sehr intensiv fühlen.	☐
Aktivität	Sie können Regie führen und die Fäden in der Hand halten.	☐

9 Vorlieben

Inspiration	Sie mögen alles, was Sie inspiriert, vor allem die seltenen Menschen mit Esprit. Ihre eigene Inspiration setzen Sie ein, um Probleme anderer zu lösen.	☐
Ebenbürtigkeit	In der Begegnung mit anderen blühen Sie auf, wenn Ihnen das Gefühl von Ebenbürtigkeit gegeben wird.	☐
Ernsthaftigkeit	Sie lachen zwar gern, haben aber einen Hang zu ernsthaften Auseinandersetzungen über ernsthafte Themen.	☐
Besonderheit	Sie haben eine Vorliebe für Spezialgebiete, besondere Dinge und außergewöhnliche Menschen.	☐
Klarheit	Sie haben nicht nur eine Vorliebe für Klarheit, Sie brauchen sie auch.	☐
Unabhängigkeit	Sie geben sich Ihre Aufgaben am liebsten selber.	☐
Eigenständigkeit	Sie setzen sich Ihre Ziele am liebsten selber.	☐
Selbstbestimmtheit	Sie arbeiten sehr gern selbstständig.	☐
Freiheitsliebe	Sie lieben die Freiheit.	☐

10 Schwächen

Marathon	Als Marathonläufer eignen Sie sich nicht unbedingt, weil Ihre Ausdauer unmittelbar davon abhängen kann, wie reizvoll Sie ein Thema finden.	☐
Ausgleich	Wenn eine Aufgabe Sie reizt und herausfordert, können Sie sich so sehr vertiefen, dass Sie darüber alles andere und jeden, einschließlich sich selber, vergessen, sogar den eigenen Hunger, die Müdigkeit, die Muskelverspannungen.	☐
Oberflächlichkeit	Small Talk finden Sie eher anstrengend. Diese besondere Kunst gesellschaftlicher Kommunikation, die den Tiefgang weglässt, beherrschen Sie manchmal nicht wirklich, weil Sie sich an einer viel zu dünnen Oberfläche festgenagelt fühlen und das belebende Element der Inspiration vermissen.	☐
Lockerheit	Wenn Sie sich durch Menschen oder Situationen eingeengt fühlen, sind Sie oft so angespannt, dass Sie Ihre hohen Kompetenzen nicht abrufen können.	☐
Regelmäßigkeit	Auferlegten Strukturen – und seien es regelmäßige Arbeitsabläufe – passen Sie sich nur mühevoll an.	☐
Selbstregulation	Die Intensität Ihrer Wahrnehmung, Empfindung und Gefühlswelt kann manchmal unangenehm eskalieren.	☐
Vertrauen	Es fällt Ihnen schwer, jemandem zu vertrauen und sich entsprechend zu entspannen. Sie können zwar nach einer Phase des kritischen Abtastens auftauen und jemandem auch wirklich persönliche Dinge erzählen. Sie können ihn sogar um Rat bitten, aber solche Menschen sind für Sie kostbare Raritäten.	☐
Diplomatie	Darin gleichen Sie manchmal kleinen Kindern: Sie können ehrlich, direkt und undiplomatisch sein, ohne gesellschaftliche Spielregeln zu beachten.	☐

Zufriedenheit	Auf bestimmten Gebieten sind Sie nicht leicht zufriedenzustellen, weil Sie extrem anspruchsvoll sind, sowohl gegenüber sich selbst als auch gegenüber Ihren Mitmenschen.	☐
Bindung	Sie binden sich nur schwer. Unverbindliche Beziehungen mit einem gewissen Abstand fallen Ihnen leichter. Verbindliche Beziehungen gehen Sie nur ein, wenn Ihnen genügend Raum für den eigenen Kopf zugestanden wird und Sie sicher sind, dass Sie jemandem vertrauen können.	☐

7 Abneigungen

Langeweile	Routineaufgaben finden Sie schnell langweilig, Small Talk, auch Small Talker, finden Sie ermüdend.	☐
Anpassung	Sie sind kein Cliquen- oder Vereinsmensch, denn Sie brauchen viel Raum für Ihre Individualität.	☐
Fehler	Sie hassen es, etwas falsch zu machen. Deshalb sind Sie Ihr eigener größter Kritiker.	☐
Unterordnung	Sie lassen sich Aufgaben nicht gern diktieren und Sie lassen sich nicht gern bevormunden. Beides engt Sie dermaßen ein, dass Sie versuchen, in irgendeiner Weise zu entkommen. Dasselbe gilt für die Erkenntnis, als Mittel zum Zweck benutzt zu werden. Darauf reagieren Sie allergisch.	☐
Ungerechtigkeit	Ungerechtigkeit ist ein Fehler innerhalb eines gesellschaftlichen oder privaten Systems, der bei Ihnen Leid erzeugt, selbst wenn Sie nicht direkt betroffen sind.	☐
Unzuverlässigkeit	Unzuverlässigkeit ist ein Fehler innerhalb eines gesellschaftlichen oder privaten Systems, der Ihnen die Bindung an jemanden sehr erschwert.	☐
Unehrlichkeit	Unehrlichkeit ist ein Fehler innerhalb eines gesellschaftlichen oder privaten Systems, der Ihnen die Bindung an jemanden fast unmöglich macht.	☐

Wenn Sie sich nur mit den genannten Stärken, aber nicht mit den Schwächen identifizieren können, sollten Sie trotzdem weiterlesen. Vielleicht zählen Sie zu den hochbegabten Hochleistern, die auch Performer oder High Performer genannt werden.

Nach einer noch unveröffentlichten Studie des Frankfurter Psychologen und Hochbegabungsexperten Thomas Eckerle, die er von 2006 bis 2011 mit rund 3 000 hochbegabten Kindern zwischen 9 und 14 Jahren über deren Persönlichkeitsstruktur durchführte, gehört rund ein Viertel der Kinder zu dieser Gruppe. Angst und Stress scheinen sie nicht zu kennen, stattdessen sind sie ehrgeizig und gut integriert.[4] Aber erwachsene Hochleister reduzieren ihr Leben oft auf ihre Aufgabenbereiche. Sie haben sehr früh festgestellt, wie hoch ihre mentalen Stärken geschätzt werden. Sie haben ihre Strategie darauf aufgebaut und diese mentalen Stärken trainiert, um sich hundertprozentig an die gesellschaftlichen Erwartungen anzupassen und sie noch zu übertreffen. Sie haben Komplimente bekommen und Erfolg geerntet. Sie sind angesehene Experten und für die Gesellschaft extrem nützlich.

Doch der Preis für die öffentliche Anerkennung kann hoch sein. Oft ist das emotionale und kommunikative Verhalten in den Kinderschuhen stecken geblieben. Wenn deshalb der persönliche Bereich vorwiegend vernachlässigt wird und der Partner und/oder die Kinder zu Randfiguren des Lebens verblassen, ist die Gefahr, schließlich vor einem selbst gemachten Scherbenhaufen zu stehen, sehr groß.

Obwohl Hochleister – wie alle anderen Hochbegabten – einen ihnen aufgezwungenen Smalltalk oft gar nicht mögen, können sie umgekehrt gerade den fröhlich erscheinenden, aber möglichst unpersönlichen Smalltalk auch als Strategie anwenden, um niemanden an sich heranzulassen. Und ebenso sind sie in der Lage, alles andere auszuklammern. An erster Stelle stehen dabei die eigenen menschlichen Bedürfnisse, sodass Hochleister vor lauter Streben nach weiterer öffentlicher Anerkennung oft die körperlichen Signale für Überarbeitung oder Erschöpfung übersehen. Über die Ursachen erfahren Sie in den nächsten Kapiteln mehr.

Auch wenn Sie sich eher mit den Schwächen als mit den Stärken identifizieren können, lesen Sie bitte weiter, denn in den folgenden Kapiteln werden Sie erfahren, woher das kommt.

Und vielleicht haben Sie ja sogar bei zahlreichen Punkten in allen vier Kategorien gestutzt. Dann lesen Sie bitte erst recht weiter. Unsere Checkliste ist nämlich mehr als die Summe ihrer Teile. Sie ist ein Cocktail, der eine starke Wirkung haben kann, weil Sie mit Ihrer Intelligenz sämtliche Stärken und Vorlieben in wunderbare Werkzeuge verwandeln können, um Ihre Probleme in den Griff zu bekommen.

Nur Oberflächliche kennen sich selbst.

Oscar Wilde[5]

Die Fallen

Sind Sie viel zu oft unzufrieden mit sich und der Welt? Fühlen Sie sich ständig fremd und fremdeln auch noch mit sich selber? Ist die Antwort *Ja?* Und folgt gleich darauf ein *Warum?*

Die häufigste Antwort auf dieses vermaledeite *Warum* ist wirklich unbefriedigend. Denn *Ich bin anders als die anderen* oder *Ich bin hochbegabt* erklärt nichts, sondern ist ein hilfloser Erklärungsversuch in der Not. Die Fragen bleiben und die Probleme auch, weil Hochbegabte oft in unsichtbaren, kompliziert geknüpften Fallen sitzen, wo sich gleich vier große Problemfelder überlagern und zum gordischen Knoten zusammenballen.

Mit der einen Hälfte dieser Problembereiche, der Gesellschaft und dem hochbegabten Ich, müssen sich die meisten Menschen nie herumschlagen, Hochbegabte dafür umso mehr. Und wenn's schlecht läuft, kommen für sie noch zwei weitere Krisenherde hinzu, die sehr viele Menschen ein Leben lang mit sich herumschleppen: die Eltern und das kindliche Ich. Mit diesen vier Fallen müssen wir uns beschäftigen.

Bevor wir also das Phänomen Hochbegabung unter der Lupe betrachten, stellen wir unsere Wahrnehmung auf Weitsicht und nehmen als Erstes die Gesellschaft aufs Korn. Wenn Sie empfindlich sind, dann Vorsicht. Wir beginnen mit einem Mord!

Ich wollte ja nichts als das zu leben versuchen,
was von selber aus mir heraus wollte.
Warum war das so sehr schwer?

Hermann Hesse[6]

Problemzone Gesellschaft

»›Ach‹, sagte die Maus, ›die Welt wird enger mit jedem Tag. Zuerst war sie so breit, dass ich Angst hatte, ich lief weiter und war glücklich, dass ich endlich rechts und links in der Ferne Mauern sah, aber diese langen Mauern eilen so schnell aufeinander zu, dass ich schon im letzten Zimmer bin, und dort im Winkel steht die Falle, in die ich laufe.‹ – ›Du musst nur die Laufrichtung ändern‹, sagte die Katze und fraß sie.«[7]

Fressen und gefressen werden

Dieser Mord hätte natürlich nicht stattgefunden, wenn die beiden Tom und Jerry geheißen hätten. In der Normalwelt muss man aber auf der Hut sein, wenn man am Leben bleiben will. Niemand will gefressen werden wie die Maus oder verhungern wie die Katze, und es scheint nur zwei Lösungen zu geben: Flucht ist die eine, Angriff die andere – zwei Verteidigungsstrategien gegen den drohenden Tod.

Rosen haben Dornen. Kakteen und Disteln rüsten mit Stacheln auf. Brennnesseln wehren sich gegen den Übergriff mit unzähligen Brennhaaren. Wer einmal mit ihnen Bekanntschaft gemacht hat, passt beim nächsten Mal auf und lässt sie in Ruhe. Andere Pflanzen biegen sich, um nicht zu brechen, hüllen sich in Haar-, Filz- oder Harzkleider, verkriechen sich unter dicken Kork- oder Borkenmänteln.

Tiere wappnen sich mit dickem Fell, hartem Panzer und fester

Schale, verteidigen ihr Leben mit scharfen Schnäbeln, Klauen und Reißzähnen. Der Igel schützt sein weiches Inneres sogar mit einer Rundum-Rüstung aus nadelspitzen Stacheln. Die Natur ist mit einem exzellenten Waffenarsenal ausgestattet. Dagegen ist der Mensch ein armer Wurm.

Aber Tiere und Pflanzen können noch mehr. Viele sind Meister der Tarnung und beherrschen damit Selbstverteidigungsmethoden, die raffinierter kaum sein können, denn optisch verschmelzen sie perfekt mit ihrer Umwelt. Stabheuschrecken gleichen dem Ast, auf dem sie hocken. Wandelnde Blätter – sie gehören zur Familie der Gespenstschrecken – sehen aus wie das Blatt, auf dem sie sitzen. Die winzigen Netzflügler mit dem markanten Namen »Totes Blatt« sehen aus wie ein verwelktes Blatt im Herbst. *Tu mir nichts, ich bin nicht da,* lautet die Devise dieser kleinen Tiere: Wer unsichtbar ist, kann überleben.

Diese Methoden beherrschen Menschen auch, und zwar ausgezeichnet. Was meistens als Herdentrieb bezeichnet wird, ist der eiserne Wille zur Anpassung, egal, ob es sich um die neueste Mode, trendige Autos oder die Filme handelt, die man gesehen haben muss. Der Anpassungswille des Menschen ist dem optischen Versteckspiel von Tieren und Blumen so erschreckend ähnlich, dass die Landkarte der Menschheit eigentlich blau sein müsste. Denn »weltweit werden jährlich rund zwei Milliarden Jeans verkauft, rund 115 Millionen Paar in Deutschland«, wie das *Focus*-Magazin am 8. September 2014 berichtete.[8]

Aber für die vollkommene Anpassung reicht das natürlich nicht, wenn nicht eine passende Geisteshaltung hinzukommt. Wer angepasst ist, ist normal. Er entspricht einer bestimmten kulturellen Norm, die sich in einer Zeit, Region und Gruppe etabliert hat.

Die Anpassung an große oder kleine gesellschaftliche Normen oder Gegennormen kann Menschen so gut gelingen, dass von außen beim besten Willen keine eigen(willig)en Ecken und Kanten mehr wahrzunehmen sind. Dazu gehört auch, einen bestimmten Makel, der von anderen als solcher erkannt wurde und eine schlechte Bewertung erhielt, verschwinden zu lassen. Bei einem Pickel ist das leicht. Bei großflächiger Akne wird es schwieriger. Und hat die Akne den Namen »Hochbegabung«, strengt manch einer sich wirklich an, sie zu verstecken. Im grummelnden Untergrund bleiben ihm dennoch zwei kleine bohrende Fragen, die einfach nicht verschwinden wollen.

Was habt ihr alle bloß, dass ich so sein will wie ihr?

Und warum fühle ich mich immer so unwohl in meiner Haut?

Sich in Freundschaften, Familie und Beziehungen geborgen zu fühlen, setzt ein gegenseitiges Ja voraus. In den wesentlichen Dingen muss man sich schon ziemlich einig sein, sich irgendwie verwandt fühlen und deshalb auch am selben Strang ziehen. Dasselbe gilt für Arbeitsteams.

Das freiwillige, freudvolle Ja zu einer Gruppe ist die Voraussetzung, sich dort lebendig, sicher und wohlzufühlen – vorausgesetzt, ein paar Gruppenmitglieder sagen ebenfalls Ja. Wenn das nicht der Fall ist und das Ja nur von einem einzelnen Menschen kommt, bleibt ihm zwar die Anpassung an die Gruppe, aber die führt nicht in die Geborgenheit. Während der Herdentrieb zufriedengestellt ist, bleibt der nagende Zweifel an sich selbst. Die Kunst des Chamäleons, sich die Farbe der Umwelt zu geben, ist nicht nur anstrengend, sondern auch sehr unbefriedigend. Und obwohl er es aus langjähriger Erfahrung besser wissen müsste, stößt ausgerechnet der wohl bekannteste Hochbegabungsexperte Deutschlands in dieses Horn. Detlef H. Rost, Professor für Pädagogische Psychologie und Entwicklungspsychologie an der Universität Marburg und Begründer der Begabungsdiagnostischen Beratungsstelle BRAIN, meint: »Mit das Wichtigste, was ein Hochbegabter lernen muss, ist doch der Umgang mit Normalbegabten – denn mit denen wird er die meiste Zeit seines Lebens zu tun haben.«[9] Nach Rost muss also der zwischenmenschliche Umgang dringend korrigiert werden, und zwar vom Hochbegabten.

Was Rost hier fordert, ist die Anpassung des Hochbegabten an die Norm des Normalbegabten. Doch für diese Einseitigkeit gibt es keinen triftigen Grund außer dem der quantitativen Überlegenheit der Normalbegabten. In Wirklichkeit liegt das Problem aber im Bereich des Zwischenmenschlichen, es ist ein Ding zwischen mir *und dir*! Dennoch wird die Lösung des Problems noch immer so einseitig gesehen, als ginge es um Linkshänder, die endlich anfangen sollten, mit der »schönen« Hand zu schreiben, sich dabei aber schrecklich ungeschickt anstellen. Sogar Hochbegabte selbst sehen das zwischenmenschliche Problem oft nur aus der angstbesetzten Minderheitenperspektive wie in den beiden folgenden authentischen Berichten über die Angst vor der Feindseligkeit der zahlenmäßig Überlegenen.

Angst und Feindseligkeit

IQ 144/w: *Ich will auf keinen Fall, dass jemand von meiner Hochbegabung weiß, weil dieses Wissen nur Unverständnis und Vorurteile schürt. Und Neid. Was hätte ich davon?*

IQ 145/w: *Als ich mit meinem Testergebnis konfrontiert wurde, war ich zunächst einmal erleichtert. Endlich war da eine Zahl zum Festhalten. Meine Zahl war wie eine Position auf den unendlichen x- und y-Achsen des menschlichen Koordinatensystems. Meine Position.*
Ich weiß, dass das mathematisch gesehen ein unsauberer Vergleich ist, aber so fühlte es sich an. Als wäre ich geortet. Als hätte ich auf meiner ewigen Suche nach mir selbst endlich das Tor zu dem Weg gefunden, der vielleicht zu mir selbst führt. Aber bei aller Entspannung war auch völlig klar, dass ich diese Zahl für mich behalten würde. Es war so klar, dass sich nicht ein einziges Fragezeichen gegen diesen Beschluss auflehnte. Das kam erst Wochen später. Mein Sohn erzählte mir freudestrahlend, er hätte einem Freund gesagt, was ich für einen hohen IQ hätte.
Er war sehr stolz auf mich.
Ich war entsetzt.
Dreimal war er so stolz, dass er seinen Mund nicht halten konnte.

Dreimal fiel ich aus allen Wolken.
Aber dreimal merkte ich auch, wie diskrepant unsere Einstellungen zu dem Thema waren. Ich hatte Angst.

Ich fing an, meine Haltung zu überdenken. Woher kam sie? Warum hatte ich sie? Weiter als bis zum Warum kam ich nicht. Es stand da klotzig wie eine Hürde, über die ich nicht hinüberkam.
Aber wofür hat man Bücher? Hermann Hesse kenne ich ziemlich gut. Auch ohne dass er jemals getestet wurde, ist anzunehmen, dass er zur selben Spezies gehörte wie ich. 1906 schrieb er Unterm Rad, *eine kleine Erzählung über das Leben und Leiden eines hochbegabten Schülers, Hans Giebenrath. Über den Vater, Joseph, schreibt Hesse schon ganz zu Anfang: »Die instinktive, aus Neid erwachsene Feindseligkeit gegen alles Unalltägliche, Freiere, Feinere, Geistige teilte er mit sämtlichen übrigen Hausvätern der Stadt.«*[10]
Ja, Feindseligkeit! Das war genau das, wovor ich die ganze Zeit schreckliche Angst hatte, ohne es zu wissen. Aber eines habe ich im Laufe meines Lebens vielleicht besser gelernt als alles andere: Angst ist der schlechteste aller Ratgeber. Angst macht eng. Angst macht klein. Angst macht unbeweglich.
Ich gehe mit meiner Zahl nicht hausieren. Warum sollte ich? Aber ich verstecke schließlich auch nicht meine Augenfarbe, obwohl Grün sehr viel seltener vorkommt als Blau. Und was soll ich machen, die 145 gehört zu mir wie das Grün meiner Augen. Wenn ich gefragt werde, dann antworte ich auch, und wenn dann einer Probleme damit hat, liegt das erstens in seiner Verantwortung, und zweitens kann ich darauf erwachsen reagieren.
Dennoch. Joseph Giebenraths Feindseligkeit ließ mir keine Ruhe. Ich wusste genau, was Hesse damit meinte.
Sie ist zivilisiert.
Sie ist verdeckt.
Sie ist sehr fein.
Meistens ist sie nonverbal und trägt ein falsches Lächeln im Gesicht.

Sie kämpft nicht offen, sondern aus der Deckung heraus. Ihr schweigender Schlachtruf: Keinen Schritt näher! Bleib auf Distanz! Diese besondere Art der freundlich daherkommenden Feindseligkeit habe ich oft erlebt. Bevor ich meinen IQ kannte.

Heilig oder unheilig

Die Furcht, die sich sowohl in dem kurzen Statement von IQ 143/w als auch in der Erzählung von IQ 145/w ausdrückt, ist eine vorhersehende Reaktion, um einer wahrscheinlichen Tabuisierung zu entgehen.

Tabuisiert wird aber nur, wer vorher zum Tabu erklärt wurde. Für Sigmund Freud war das Tabu nicht nur im religiösen, sondern auch im gesamten anthropologisch-psychoanalytischen Bereich unantastbar, und es war entweder sehr heilig oder ganz und gar unheilig und gefährlich.[11]

Hochbegabte können nonverbal sowohl zu heiligen als auch zu unheiligen Tabus erklärt werden; in jedem Fall bleiben sie damit weit weg von der menschlichen Normalität und der goldenen Mitte der Gesellschaft, und solange sie dort bleiben, ist auch alles gut.

Einer, der ohne böse Absicht dazu beigetragen hat, war der niederländische Psychologe Franz Mönks, der 1963 erstmals den Begriff »Hochbegabung« in den wissenschaftlichen Diskurs einführte.[12] Dieser Begriff gilt seitdem für die kognitive Hochbegabung, während sich Begriffe wie »Begabung« und »Talent« eher auf dem musischen oder sportlichen Sektor finden. Obwohl Experten und Wissenschaftler immer wieder versuchten, für den kognitiven Bereich zu dem Begriff »Begabung« zurückzukehren, hält sich die »Hochbegabung« in den Medien, im Volksmund und als Common Sense auch in diesem Ratgeber hartnäckig.

Das große Problem ist allerdings die Tatsache, dass Sprache

Realitäten schafft. Damit wird die Höhe der Begabung auf einem Gipfel angesiedelt, der fern ist von den Tälern der Menschheit. So hält man mit einem einzigen Wort gewisse Menschen auf Distanz. Aber diese Schutzmaßnahme bezieht sich nur auf kognitiv Hochbegabte, während es im musischen, sozialen, handwerklichen und sportlichen Bereich gar keine Probleme zu geben scheint. Im Gegenteil.

»Insgesamt gibt es in Deutschland 7,39 Millionen aktive Alpin-Skifahrer, 2,36 Millionen Langläufer und 1,98 Millionen Snowboarder«, berichtet der Deutsche Skiverband auf seiner Website.[13] Das sind 11 730 000 begeisterte Schneesportler. Diejenigen, die es mit dem Ski- und Snowboardfahren ernster meinen, sind aber nur 5,5 Prozent, nämlich die 650 000 Mitglieder des DSV, gemessen an der Gesamtbevölkerung klägliche 0,8 Prozent. Unter diesen 0,8 Prozent finden sich die Talente und Supertalente, die Asse auf den Ski- und Snowboardbrettern, über die es keine Statistiken gibt, außer wenn sie zu der erlesenen Handvoll Olympioniken gehören. Aber selbst wenn wir annähmen, die Hälfte aller DSV-Mitglieder entspräche den Begabtesten auf den Winterbrettern, wären das nur 0,4 Prozent der Deutschen. Hat irgendjemand Angst vor diesen Menschen, die eindeutig einer Minderheit angehören und vom Normalmenschen so weit entfernt sind wie ein Gipfel vom Tal? Natürlich nicht! Man bewundert sie für ihr meisterhaftes Können und freut sich über jede Medaille und jeden Pokal, den sie für Deutschland holen.

Für die kognitiv Hochbegabten gilt das sehr oft nicht.

Wissen ist Macht, und wer diese Macht besitzt, kann – jedenfalls in der Vorstellung – gefährlich werden, weil er einen anderen in seiner vermeintlichen Dummheit bloßstellen und verletzen könnte. Davor muss man sich schützen, und das ist eine völlig normale menschliche Reaktion auf die unheilige Variante des Tabus, die dem sozialen Stigma[14] gleichkommt: »ein physisches, psychisches oder soziales Merkmal, durch das eine Person sich von den übrigen Mitgliedern einer Gesellschaft oder Gruppe, der sie angehört, negativ unterscheidet und das sie von vollständiger sozialer Anerkennung ausschließt«.[15]

Wenn durchschnittliche und sehr intelligente Menschen aufeinandertreffen, wird die Hochbegabung des einen unweigerlich zu einem sozialen Merkmal. Oft genug wird sie zu einem negativen sozialen Merkmal und infolgedessen auch zu einem psychischen Problem. Dabei ist eine körperliche Stigmatisierung wie im Mittelalter überhaupt nicht nötig. Der ablehnende und abwehrende Gedanke – *der da, die da, so einer, so eine* – reicht schon aus, um das Verhalten so zu ändern, dass das Gegenüber sich mehr oder weniger ausgeschlossen fühlt. Bis heute hat die Stigmatisierung nichts von ihrer Zentrifugalkraft eingebüßt, sie wirkt stark wie eh und je:

IQ 139/m: *Mir wurde schon öfter vorgeworfen, dass ich zu viel denke, zu kompliziert, zu detailliert. Auf der beruflichen Ebene bin ich schon mehr als einmal mit fragwürdigen Begründungen abgewürgt und abgewiesen worden. Aber dieses viele Denken, auch das Vorausdenken finde ich selbstverständlich. Ich kann mir kaum vorstellen, dass jemand das nicht kann, ich verstehe nicht, dass jemand das nicht will, und ich begreife einfach nicht, warum meine Kollegen so kurzsichtig sind. Und überhaupt – im Privatleben ist das nicht viel anders. Ich hätte gerne Freunde.*

Was der Soziologe Jürgen Hohmeier im Zusammenhang mit Körperbehinderten feststellt, gilt uneingeschränkt auch für den Umgang mit Hochbegabten: »Das Gleichgewicht wird dann durch betonte Abgrenzung, d. h. durch Herausstellen der eigenen ›Normalität‹ und Ablehnung der Abweichung des anderen, zu stabilisieren versucht. Die Bedrohlichkeit des Stigmatisierten besteht ferner darin, dass dem ›Normalen‹ das Instrumentarium fehlt, mit dessen ›Anderssein‹ kognitiv, emotional und instrumental fertigzuwerden. Er greift dann häufig zu Identitätsstrategien wie Ablehnung, Interaktionsvermeidung und sozialer Isolierung, um sein bedrohtes seelisches Gleichgewicht aufrechtzuerhalten.«[16]

Was die Normalen, die die goldene Mitte der Gesellschaft bilden, davon haben? Sie fühlen sich sicherer.

Der kanadische Stigmatisierungsforscher Erving Goffman benutzt für das ausgrenzende Verhalten den Begriff der Diskreditierung, also der Herabwürdigung, und spricht von bereits diskreditierten und von diskreditierbaren Personen, deren Anderssein noch nicht erkannt wurde.[17] Hier die knappen Worte eines bereits diskreditierten Menschen:

IQ 131/w: *Es ist jedes Mal dasselbe. Sobald jemand meine Intelligenz bemerkt, wird abgelehnt, was ich gesagt habe. Und als Mensch werde ich ausgegrenzt.*

Dass Hochbegabte sich so ungern outen, hat mit dieser Ausgrenzung unmittelbar zu tun. Deshalb ist die Frage, die eine solche Erfahrung für einen Hochbegabten nach sich zieht, logisch: Soll ich meine Intelligenz nicht lieber verbergen?

Peepshow

Wenn normale Menschen nicht mit einer intelligenten Tabu-Person zusammen sein müssen, sind sie auch nicht gefährdet. Niemand ist ihnen überlegen, und keiner wird sie bloßstellen. Und wenn sie sich sicher fühlen, brauchen sie sich auch nicht mehr krampfhaft zu schützen. Im Gegenteil!

Ihre Abwehr verwandelt sich mitunter in lustvollen Voyeurismus, und die Tabuisierten bekommen plötzlich eine Art Heiligenschein. Denn die Genies lassen sich genüsslich betrachten, etwa die zehn intelligentesten lebenden Menschen der Welt, von denen es im Internet eine Menge gibt.[18] Abgesehen von einigen Kandidaten sind sich die diversen Websites zwar überhaupt nicht einig, wer denn nun die zehn Klügsten aller Klugen sind. Ihre Namen sind teilweise falsch geschrieben, und ihre IQs unterscheiden sich in einigen Fällen enorm, aber das spielt keine Rolle. Hauptsache, man kann mit spektakulären Superlativen klotzen. Wenn nämlich dem englischen Astrophysiker Stephen Hawking ein IQ-Wert 160 zugeschrieben wird, steht er damit himmelweit über der Normalwelt, und darauf kommt es an. Garri Kasparow ist mit seinem IQ 190 noch entrückter. Und der angeblich intelligenteste Mensch der Welt, Terence Tao mit IQ 230, ist wirklich nicht mehr ganz von dieser Welt. Angesichts dieser extraordinären, fast schon extraterrestrischen Spezies darf der Normalmensch nicht nur staunen, sondern sich auch wohlig gruseln, wenn er sich zum krönenden Abschluss noch die tragische Lebensgeschichte eines der intelligentesten Menschen aller Zeiten gönnt, des US-Amerikaners William James Sidis, dessen IQ lustvoll auf 250 bis 300 geschätzt wurde und der 1944 mit nur 46 Jahren an einer Gehirnblutung starb.

Die Basis dieses Vergnügens ist mehr als fragwürdig. Wenn wir bei den deutschen Tests bleiben, so werden der I-S-T 2000R[19] und der WAIS-IV[20] ab IQ 145 ungenau! Übertragen auf amerikanische Stanford-Binet-Tests, bei denen der IQ 132 dem deutschen IQ 130 entspricht, schleicht sich die Ungenauigkeit ab dem IQ-Wert 148 ein, und bei den Engländern, die noch mal anders rechnen, ab IQ 172. Zwischen den nationalen Eigenheiten der wissenschaftlichen IQ-Tests wird bei diesen Rankings nicht unterschieden. Stattdessen wird jemandem ein IQ 220 angedichtet, und das ist jenseits aller Seriosität.

Grundsätzlich basieren die Werte der IQ-Tests auf wissenschaftlichen Auswertungen, die alle paar Jahre sehr aufwendig mit zigtausend Personen verschiedener Altersgruppen gemacht werden. Ein englischer IQ 220 (amerikanisch: IQ 180, deutsch: IQ 175) entspricht innerhalb einer Bevölkerung einem Prozentsatz von 0,00003. Das bedeutet, unter zehn Millionen Menschen gibt es, rein statistisch gesehen, drei Menschen mit IQ 220 (180, 175). Statistisch. Eine Evaluierung kann wegen des Mangels an entsprechenden Menschen auf diesem Level gar nicht stattgefunden haben. Jemandem also einen IQ 220 zu attestieren, eignet sich allenfalls für Rankings, die man nicht anders bezeichnen kann als Peepshows.

Dass Hochbegabte sich so ungern outen, liegt auch daran, dass sie weder auf eine Zahl reduziert noch als Intelligenzbestien[21] vorgeführt werden wollen.

Klick.

Website geschlossen.

Problemzonenbehandlung

Die Ausgrenzung einer befremdlichen Spezies aus dem Gold der gesellschaftlichen Mitte kann also auf unterschiedliche Weise geschehen. Carl Gustav Jung spricht in diesem Zusammenhang von einer »neurotischen Dissoziationstendenz«. »Alles Neue und Unbekannte ruft entschiedene, ja abergläubische Ängste hervor. (...) Unsere hochdifferenzierte Zivilisation ist von solchen primitiven Verhaltensweisen keineswegs frei. Eine neue Idee, die mit der allgemeinen Erwartung nicht genau übereinstimmt, trifft auf ernstliche Hindernisse psychologischer Art. Sie wird einem nicht als Verdienst angerechnet, sondern wird gefürchtet, bekämpft und in jeder Hinsicht verabscheut.«[22]

Aber wir sprechen ja mit Absicht von *Problemzonen*. Denn erstens sind Problemzonen begrenzt und zweitens erfolgreich zu behandeln. Wie man das am besten macht, werden wir sehen, doch vorläufig müssen wir noch weitere Problemfelder klären. Wenn ein Hochbegabter sich nämlich als unverstandenes, abgelehntes, ausgegrenztes, ohnmächtiges Opfer fühlt, ist mehr falsch gelaufen als nur die Ausgrenzung durch die Gesellschaft.

*Eines der größten Probleme der Erziehung ist,
wie man die Unterwerfung unter den gesetzlichen Zwang
mit der Fähigkeit, sich seiner Freiheit zu bedienen, vereinigen könne.
Denn Zwang ist nötig!
Wie kultiviere ich die Freiheit bei dem Zwange?*

Immanuel Kant[23]

Risikozone Eltern

Innerhalb der gesellschaftlichen Problemzone gibt es eine Teilmenge, die für (hochbegabte) Kinder so problematisch sein kann, dass ihr ganzes späteres Leben davon negativ beeinflusst wird. Es sind die Eltern.

Insofern die Eltern längst ein Teil des Systems sind, wenn ihr Kind gerade den ersten Schritt in diese Gesellschaft macht, sind sie die wichtigsten Lehrer überhaupt. Gemäß ihren eigenen Vorstellungen vom Ich und von der Welt bringen sie ihrem Kind bei, was es bedeutet, ein Ich innerhalb einer Gesellschaft zu sein. Wie niemand sonst beeinflussen sie die innere Haltung und das äußere Verhalten ihres Kindes. Und das tun sie – gut oder schlecht, verantwortungsvoll oder gedankenlos. Sie tun es einfach so, wie sie es können, weil sie sind, wie sie sind. Deshalb werfen wir einen Blick auf diesen ganz besonderen Teil der Gesellschaft.

Die Fundamente für eine starke Persönlichkeit werden von den Eltern gelegt. Wer ein starkes Fundament mitbekommen hat, wird seinen Weg gehen. Alle anderen schleppen Probleme mit sich herum, die sich nicht so leicht wieder abschütteln lassen, weil sie zu einer Zeit entstanden, als das Kind seinen Eltern kaum etwas entgegenzusetzen hatte und einfach nur geliebt werden wollte.

Das ist bei Hochbegabten nicht anders als beim Rest der Menschheit. Dennoch werden ihre Probleme oft zuallererst der Hochbegabung zugeschrieben. Als wäre sie eine mentale Dauergrippe, wird in Erwägung gezogen, dass eine noch nicht entdeckte Hochbegabung schuld an ihrer chronischen Misere sein könnte. Immerhin kann diese Fehleinschätzung dazu führen, dass jemand seinen IQ von einem Psychologen testen lässt, und das allein kann ein Meilenstein in einem bis dahin zu schwierigen Leben sein. Denn mit ihrem Willen zur Klärung stärken diese Menschen eine grundlegende Qualität, die ihnen bei der Lösung ihrer Probleme wirklich hilft: ihr Bewusstsein. Dabei lassen sich grundsätzlich fünf Wandlungsphasen feststellen, bis jemand seine Fesseln tatsächlich abstreifen kann:

1. Phase ohne Problembewusstsein
2. Phase des Problembewusstseins
3. Phase der Entscheidung und Vorbereitung
4. Phase der aktiven Veränderung
5. Phase der Aufrechterhaltung des Erreichten[24]

Menschen, die ihren IQ testen lassen, haben mindestens die erste, vielleicht sogar schon die zweite dieser fünf Phasen hinter sich und befinden sich bereits mitten in einem vielversprechenden Prozess, den sie konsequent vorantreiben können. Dasselbe gilt übrigens für Sie als Leser dieses Buchs: Sie befinden sich wenigstens in Phase zwei oder drei, und das ist in jedem Fall ein Etappenziel, das Sie bereits erreicht haben.

Hürdenlauf

Die Vorgeschichte eines IQ-Tests ist normalerweise jahrelanges Leid. Vieles ist frustrierend falsch gelaufen, weil in der Kindheit eine schlechte Saat gesät wurde, und ohne dass es einem der Beteiligten sonderlich aufgefallen wäre, konnte sie unbeachtet aufgehen und wie Unkraut wuchern.

Leid ist immer ein Problem, das als Sackgasse, unangenehme Begrenzung oder zu hohes Hindernis empfunden wird. Es gibt drei Möglichkeiten, damit umzugehen:

1. Man kann sich verweigern wie ein Springpferd vor der Hürde und entweder entrüstet oder aber ängstlich davor stehen bleiben. Gewonnen ist damit nichts.
2. Man kann versuchen, einem Hindernis auszuweichen, aber gewonnen ist auch damit nichts.

Diese beiden Möglichkeiten – Verweigern und Ausweichen – lassen sich ständig wiederholen, und das tun Hochbegabte genauso oft und automatisch wie andere Menschen. Aber irgendwann hat man es vielleicht einfach satt, in starrer Verweigerungshaltung zu verharren, oder kann beim besten Willen nicht mehr ausweichen.
Dann bleibt nur noch die letzte Möglichkeit.

3. Man stellt sich endlich und versucht, die Hürde zu nehmen, und sei es mit dem Mut der Verzweiflung.

Das gilt auch für den Entschluss, den IQ überprüfen zu lassen. Oft müssen größte Ängste und Zweifel überwunden werden, und es braucht Kraft und Willen, weil dieser Schritt so gefährlich erscheint. Als hätte man etwas zu verlieren. Als lauerte ein Abgrund, in den man unweigerlich stürzen wird.

IQ 141/m: *Ich habe lange gezögert, aber nachdem mir einige Freunde mehrmals dazu geraten haben, überlege ich jetzt wirklich, meine Intelligenz testen zu lassen. Seit Jahren habe ich immer wieder dieselben Probleme. Sie wiederholen sich, und ich scheine daran nichts ändern zu können. Meine Freunde meinen, dass vielleicht eine zu hohe Intelligenz schuld sein könnte. Oder eine zu niedrige? Ich weiß nicht. Sie sagen jedenfalls, dass eine zu starke Abweichung vom Durchschnitt mein kompliziertes Leben erklären könnte. Mir selbst ist diese Vorstellung eher peinlich. Ist es nicht – unabhängig vom Ergebnis – lächerlich, seine Intelligenz diagnostizieren zu lassen? Bieten Sie Hochbegabungs-Diagnostik auch für ganz normale Menschen an?*

IQ 132/w: *Meine Noten waren mittelmäßig, und studiert habe ich auch nur an einer Fachhochschule. Dass ich hochbegabt sein könnte, fühlt sich absurd an. Andererseits bin ich definitiv hochsensibel, habe dazu viel gelesen und bin – auch in Online-Foren – immer wieder über die mögliche Kombination Hochsensibilität/Hochbegabung gestolpert.*

Ich habe solche Angst vor dem Test. Was, wenn ich durchfalle? Wenn sich diese befremdliche Vorstellung als pure Einbildung entpuppt? Ich würde mich wie ein Hochstapler fühlen. Und wenn ich tatsächlich hochbegabt bin? Ich habe Angst vor der Zahl. Obwohl – wie kann man nur so viel Angst vor einer Zahl haben? Das ist doch lächerlich!

Wenn dann die Diagnose tatsächlich *Hochbegabung* ist, macht manch einer sich erst recht fertig, und zwar nach Strich und Faden.

IQ 135/w: *Ich habe keine Ahnung, was ich mit meinem Ergebnis machen soll. Für mich behalten oder herumerzählen? Was wäre besser? Aber wenn ich es genau betrachte, ist es wahrscheinlich gar nicht wert, erzählt zu werden. Und so besonders bin ich wirklich nicht, solche Leute gibt es schließlich in rauen Mengen. Und wenn ich mir überlege, wie schlecht ich bei dem Test stellenweise abgeschnitten habe – es gibt so viele andere, die das besser können als ich. Und mein Ergebnis sagt mir doch klipp und klar, dass ich eigentlich besser sein müsste als ich bin. So viele Fehler und Schwächen! Wie soll ich mir etwas verzeihen, was kaum zu entschuldigen ist?*

Aber meistens folgt der Diagnose die Entspannung auf dem Fuß.

IQ 133/w: *Mein Testergebnis hat mir richtig gut getan, weil ich jetzt weiß, woran ich bin und weil dieses ewige Grübeln und Spekulieren endlich vorbei ist. Vielleicht kann ich ja mehr daraus machen, vielleicht sogar mein Leben etwas in Ordnung bringen und einiges umkrempeln. Versuchen will ich es auf alle Fälle.*

IQ 139/w: *Anfangs konnte ich es nicht glauben und dachte, das Ergebnis sei falsch. Das sagt vermutlich schon einiges über mein Selbstvertrauen aus. Dann, nach ein paar Tagen, war ich unglaublich stolz und fühlte mich »ganz«. Und das Gefühl hält an. Ich bin anstrengungsbereiter und gebe nicht so schnell auf. Das seit früher Kindheit von meiner Mutter ausgesprochene Motto: »Du bist zu blöd für alles« bröckelte mit dem Ergebnis noch weiter dahin.*

Die Entscheidung, einen IQ-Test zu machen, ist oft wie ein Startschuss zu einem neuen Leben, weil hinter dem Entschluss, es zu tun, nicht nur Mut steckt, sondern sehr viel mehr.

Es ist das bewusste Ernstnehmen
1. der eigenen Probleme und
2. der eigenen, schlechten Lebensqualität.

Und es ist die oft unbewusste Frage
1. nach dem Wünschenswerten und
2. nach dem Eigenen und Eigentlichen, das heißt, nach der ursprünglichen und unverwechselbaren Identität.

Aber was ist das bloß?
    Das lässt sich herausfinden.
    Denn das Eigene und Eigentliche, dieses gewisse Etwas, das einen Menschen immer zu einem besonderen Menschen macht, ist von Anfang an da und macht sich für die Mitmenschen früh bemerkbar.
    Vor allem für die Eltern.
    Die mit diesem gewissen Etwas auf ihre Weise umgegangen sind.
    Die es willkommen geheißen oder abgelehnt haben.
    Deshalb ist es so wichtig, sich gerade diese Menschen anzuschauen und gerade diese Beziehung unter die Lupe zu nehmen, die sie zu diesem Kind hatten, das jetzt als Erwachsener vor der Frage nach

seiner Identität steht. Ein Teil seiner selbst ist verloren gegangen, und dieser muss gesucht und gefunden werden, damit das Kind wieder ganz werden kann.

Authentizität

Die Frage nach der Identität unterscheidet sich nicht sonderlich von der Frage nach der Authentizität. Beides ist in einem tiefen Sinn die Frage nach Sein oder Nichtsein. Identität hat, wer authentisch ist.

Das Wort »Authentizität« leitet sich vom griechischen »authentikós« ab und ist eine Verknüpfung der beiden Wörter »autos« (selbst) und »ontos« (seiend), die zusammen das »Selbstseiende« ergeben. Das Selbst eines Menschen ist das, was seinem Wesen entspricht, das Wesentliche, das Eigentliche einer Person: Es sind seine ganz persönlichen Anlagen, der Reichtum, mit dem er auf die Welt kommt. Martin Heidegger sagt über das Eigentliche: »Eigentlich ist das Dasein, wenn es im Besitz seiner selbst (…) ist.«[25] Dass man sein eigenes Eigentliches besitzt, ist aber leider gar keine Selbstverständlichkeit. Denn das Eigentliche, das ein Kind mit in die Welt bringt, ist ein zartes Pflänzchen, das verletzlich ist und von seinem Gärtner ausdauernd gehegt und gepflegt werden muss. Er muss dieses Eigentliche

1. als etwas Besonderes erkennen und
2. als eine Kostbarkeit anerkennen.

Und wenn er das geleistet hat, muss er auch noch in der Lage sein,
1. darauf entsprechend einzugehen und
2. es so nachhaltig zu fördern, dass es stabil wird.

Wenn Eltern gute Gärtner sind, hat ein Kind Glück gehabt.

Wurzeln und Flügel

Für die beiden amerikanischen Psychologen Edward L. Deci und Richard M. Ryan gehört zu einem authentischen Menschen die Selbstbestimmtheit. Diese ist nicht nur eine Qualität und Fähigkeit, sondern ein fundamentales Bedürfnis, dessen Befriedigung für optimale seelische Gesundheit und subjektives Wohlbefinden lebenswichtig ist.[26] Nach Holley Hodgins und C. Raymond Knee, zwei weiteren amerikanischen Psychologen, gehören dazu:

1. die Offenheit, mit der ein Mensch sich selbst und der Welt begegnet,
2. die Bereitschaft, Erfahrungen genau wahrzunehmen, ohne sie zu verfälschen oder vor ihnen davonzulaufen,
3. der Wille, neue Erfahrungen in die eigenen Strukturen zu integrieren,
4. eine große Toleranz, Erfahrungen überhaupt zu machen, ohne sich zu fürchten oder sich dagegen zu verteidigen,
5. das Gefühl, die Wahl zu haben, und
6. das Gefühl, dass das eigene Verhalten von anderen Rückendeckung bekommt.[27]

Wenn Eltern all das in ihren Kindern zugelassen und gefördert haben, haben sie eine Meisterleistung vollbracht, denn damit haben sie für die Wurzeln gesorgt, die ein Mensch braucht, um innerlich wachsen zu können, ohne sich verbiegen zu müssen, und um manchem Sturm zu trotzen, ohne den Boden unter den Füßen zu verlieren. Darüber hinaus haben sie dafür gesorgt, dass ihrem Kind Flügel wachsen können.

Auch bei Hochbegabten geht es nicht in erster Linie – wie so oft vermutet – darum, spezielle Hochbegabungspotenziale zu fördern. Diese gehören zwar wesentlich zu ihm, sind aber doch nur Teil eines ganzen Menschen, der auch als Ganzes gefördert werden sollte. Und zwar mit allen Faktoren, die seiner Kraft und Stärke zugutekommen: eine feine Selbstwahrnehmung, ein gesundes Selbstbewusstsein, eine solide Selbstüberzeugung und eine gute Selbstwirksamkeit. Und es gibt tatsächlich Kinder, deren Eltern dieses Meisterwerk vollbracht haben, auch unter den Hochbegabten.

IQ 146/w: *Authentizität? Mir scheint, das ist mir angeboren. Ich bin immer authentisch, kann gar nicht anders.*

Eine konkrete Situation: Ich war 16 und hatte schon meine zweite Ausbildungsstelle in einem Rechtsanwaltsbüro. Bei der ersten war mir in der Probezeit ohne Angabe von Gründen gekündigt worden. Der Chef teilte mir das nicht etwa persönlich mit, sondern über das Diktiergerät! Er selbst war gar nicht anwesend. Ich empfinde das heute noch als Ungeheuerlichkeit! Das war 1974. Große Jugendarbeitslosigkeit, und ich war fünf Monate arbeitslos. Für meine Eltern eine sehr schwere Bürde.

In meiner zweiten Ausbildungsstelle war mir dann auch gekündigt worden, obwohl man sehr zufrieden mit mir war. Aber ich hatte unerlaubt ein zweistündiges privates Telefongespräch geführt, bei dem der Juniorchef mich erwischte. Wir diskutierten kurz und ich versicherte, dass ich mich umgehend beim Fernmeldeamt erkundigen würde – was ich auch tat –, wie viel das gekostet hat, und ich das von meinem nächsten Lehrlingsgehalt bezahlen würde. Er nickte nur und ging. Sichtlich wütend.

Als ich am nächsten Montag – wie immer als Erste – ins Büro kam, sah ich meine Personalakte beim Seniorchef auf dem Schreibtisch liegen – und wusste sofort, was es damit auf sich hatte. Ich schlug sie auf und sah die Durchschrift meiner Kündigung, adressiert an meine Eltern. Daraufhin legte ich meinen Büroschlüssel auf die geöffnete Akte und verließ das Büro. Für mich gab es da nichts mehr zu sagen. Meine Eltern waren erschüttert und machten sich große Sorgen um meine Zukunft. Wir redeten den ganzen Abend, und in diesem Gespräch rangen sie mir ab, es doch noch einmal zu versuchen, wenn die Chefs mir noch eine Chance geben würden. Gleich am nächsten Tag rief mein Vater dort an. Sie stimmten seiner Bitte um eine zweite Chance zu und vereinbarten einen

Gesprächstermin mit dem zweiten Seniorchef, meinem Vater und mir.

Das Gespräch lief ganz gut, und eigentlich war eine Weiterführung meiner Ausbildung in diesem Büro schon klar, da sagte dieser Chef zu mir: »Fräulein X, manchmal muss man im Leben auch den unteren Weg gehen.« Das klang für mich wie eine Drohung. In Sekundenbruchteilen lief vor meinen Augen ab, was mich in Zukunft dort erwartete. Und ich spürte, wie mein Vater sich straffte. Ich sprang vom Stuhl auf und antwortete: »Das mag sein, aber ich werde das sicher nicht hier tun. Komm, Papa, wir gehen!« Schnappte mir meine Jacke und verließ das Büro. Als ich im Flur auf den Aufzug wartete, kam mein Vater heraus und sah mich unendlich traurig an. Lange sagte er nichts. Im Aufzug sah er mir gerade in die Augen und sagte: »Es ist Scheiße, aber ich hätte genauso reagiert wie du. Jetzt müssen wir das nur noch Mama beibringen.«

Er hat mir erspart, bei diesem schweren Gespräch dabei zu sein. Von meiner Mutter habe ich nie ein Wort dazu gehört, und sie hat mich auch niemals merken lassen, wie sie sich dabei fühlte.

Drei Monate später schickten sie mich zu einer Privatschule, die sie sich gar nicht leisten konnten, damit ich dort das erste Ausbildungsjahr zur Arzthelferin absolvieren konnte. Ich dankte es ihnen mit einer Abschlussnote von 1,7, suchte mir danach eigenständig eine Arztpraxis, in der ich das zweite Lehrjahr absolvieren konnte, und machte ohne jegliche Schwierigkeiten meine Abschlussprüfung vor der Ärztekammer.

Sie haben mich immer darin unterstützt, mich selbst nicht zu verraten. Aber sie haben auch erwartet, dass ich mich zusammennehme, wenn es fünf nach zwölf ist. Und diesen Zeitpunkt musste ich selbst erkennen. Auch das gehörte zum – ungeschriebenen – Gesetz in meinem Elternhaus.

Wenn das Gefühl, dass die Eltern von Anfang an hinter einem heranwachsenden Menschen stehen, immer und grundsätzlich vorhanden ist, komme, was wolle, dann können auch Lehrer, die einen

Schüler energisch zur Anpassung zwingen wollen, die solide Authentizität nicht mehr untergraben.

IQ 146/w: *Die meisten, die das versuchten, konnte ich nicht wirklich ernst nehmen, und die Situationen fand ich schon als Kind größtenteils albern. Da wollten Erwachsene recht haben, nur weil sie erwachsen waren. Wie ein Erwachsener zu so einer Haltung kommt, hat sich mir noch nie erschlossen. Ich habe dann eine Zeit lang nachgegeben und meinen Mund gehalten. Damit waren sie dann auch zufrieden. Es hat mich schon als Kind gewundert, wie leicht Erwachsene sich hinters Licht führen lassen ...*

Wenn ich gemaßregelt wurde, habe ich gedacht: »Okay, dann sage ich eben nichts mehr. Denken kann ich, was ich will, und das mache ich auch.«

Ranken und Rankgitter

Viele Eltern sind keine wirklichen Meister, wenn es um die Authentizität ihres Kindes geht, weil sie Probleme mit ihrer eigenen Authentizität haben, sich nicht trauen, zu sich selbst zu stehen, es vielleicht nie gelernt haben. Wie soll jemand mit einer beschädigten Authentizität seinem Kind dabei helfen, authentisch und echt zu werden? Die Antwort: gar nicht!

Das Ziel einer solchen Erziehung, deren Zentrum in der Anpassung – und auch in der Verdrängung – liegt, ist eher die Integration in einen Mainstream. Menschen mit beschädigter Authentizität schauen, was die anderen machen. Sie hören, was die anderen sagen, sie streben nach bestmöglicher Integration in einen Schwarm, um sich stärker zu fühlen, weil der Schwarm Rückhalt gibt. Und sie streben danach, gut dazustehen. Letztendlich ranken sie sich um ein vorhandenes Gerüst herum, brauchen Kletterhilfe und stehen nur dann scheinbar sicher, wenn sie gut daran festgebunden sind.

Wenn der Wille zum Schwarm dominiert, bleibt das Selbst mit seinem Eigenen und Wesentlichen, auch den Ecken und Kanten, unweigerlich auf der Strecke, weil Identität durch Identifikation ersetzt wird. Autonomie lässt sich allenfalls auf der materiellen Ebene finden und – wie im Fall vieler Hochbegabter – auf der Ebene des Talents, wo ihnen nicht viele reinreden können.

Authentizität ist keine Frage der Intelligenz. Sie ist eine Frage der seelischen Stärke. Wenn Eltern diese nicht mitbringen, zetteln sie ohne Umweg eine Tragödie an. Denn Erziehung fängt ja nicht irgendwann an, sondern am Tag 1, und erwachsen wird ein Kind nicht erst, wenn es 18 ist, sondern im Lauf eines langen Prozesses.

Ein harter Widerspruch zum pädagogischen Auftrag der seelischen Wurzelbildung eines unverwechselbaren Individuums liegt darin, dass Erziehung zum großen Teil Sozialisierung sein muss. Auch das ist keine leichte Aufgabe, denn das Ich der meisten kleinen Kinder ist pure Energie. Der kanadische Psychologe Richard Tremblay stellte in einer Studie, in der er das Verhalten von Babys im Alter von 17, 30 und 42 Monaten analysierte, fest, dass kein Lebensalter aggressiver ist.[28] Sein Kollege Steven Pinker beschreibt das Verhalten der kleinen Trotzköpfe so: »Ein typisches Kleinkind tritt, beißt, schlägt und rauft zumindest manchmal ...«[29] – eine wissenschaftliche Erkenntnis, von der Eltern schon immer ein Lied singen konnten.

Was liegt also näher als die Aufforderung, die Laufrichtung zu ändern, wenn das Kind zu sehr über die Stränge schlägt? Eltern sind auch dazu da, Grenzen zu setzen. Die Gefahr dabei ist, dass aus dem Biegen ein Brechen wird, sodass das kindliche Ich mitsamt seinem Selbst und seinem fundamentalen Bedürfnis nach Authentizität hilflos in der Falle sitzt.

Gute Erziehung ist eine hohe Kunst, vielleicht die anspruchsvollste Gratwanderung überhaupt. Aber Eltern sind auch nur Menschen. Wenn Anpassung im Fokus ihrer Erziehung steht, und sei es noch so unbewusst, reagiert das Kind automatisch mit einer Strategie aus der Not heraus.

An diese Strategie kann man sich als Erwachsener erinnern, wenn die Zeit reif ist.

Aber wann ist die Zeit reif?

Genau dann, wenn die Frage nach dem Sein in der Welt quälend wird.

Woran man das merkt? Daran, dass die Probleme nicht kleiner werden. Daran, dass man sich fühlt wie eine graue Maus. Und daran, dass das Leben als Armseligkeit wahrgenommen wird und nicht als bunte Bereicherung.

Sein oder Schein

Um zu erkennen, wann unsere Authentizität von wem und auf welche Weise nicht wachgeküsst und gefüttert, sondern verschüttet und verdrängt wurde, müssen wir uns den bösen Erinnerungen stellen. Es sind dunkle Kostbarkeiten, die uns zeigen, welche einschneidenden Situationen uns dazu gebracht hat, vom Sein zum Schein zu wechseln.

Diese Erinnerungen, die in unseren Tiefen ruhen, unveränderlich für alle Zeiten und konserviert für das Gedenken, tauchen wieder auf, wenn wir sie brauchen. Ganz von selber und ganz plötzlich steigen sie auf einmal aus diesem Dunkel, das zu uns gehört wie der Keller zum Haus, als wollten sie sagen: »Schau mal, wir sind auch noch da. Weißt du noch? Du hast uns damals extra aufgehoben, weil wir dir so wichtig waren. Weil du damals schon geahnt hast, dass wir dir etwas zu sagen haben, wenn die Zeit gekommen ist.«

Einige Erinnerungen haben sich vielleicht hinter den anderen versteckt. Aber mit etwas Beharrlichkeit lassen sie sich alle einsammeln. Und je länger Sie das tun, desto schärfer sehen Sie die geheimen Zusammenhänge. Desto schärfer sehen Sie den roten Faden eines Verhaltensmusters, der bis in die Gegenwart führt.

Nehmen Sie auch die Geschichten aus der frühesten Kindheit, an die Sie sich selbst nicht mehr erinnern, aber erzählt bekommen haben.

Der Widerspenstigen Zähmung

IQ 145/w: *Ich kann mich nicht daran erinnern, aber meine Mutter hat die Geschichte mir und allen anderen so oft erzählt, dass sie stimmen muss. Sie hat dabei immer vor Freude gestrahlt, weil ich so ein unglaublich süßer Anblick war.*

Die Sache ist die.

Ich war zwar unglaublich süß, aber ein anstrengendes, weil temperamentvolles, immer neugieriges und sehr, sehr willensstarkes kleines Mädchen. Durchsetzung und Selbstbehauptung konnte ich von Anfang an. Nicht nur verbal, sondern ganzkörperlich. Zur Bekräftigung meines Willens stampfte ich gern dramatisch mit dem Fuß auf.

Meine arme Mutter! Sie war in diesen Disziplinen nicht halb so gut wie ich.

Aber eines Tages kam ihr eine glorreiche Idee.

Als ich mal wieder lauthals meinen Willen durchsetzen wollte, packte sie mich im Nacken wie ein Kätzchen, trug mich in die Vorratskammer und sperrte mich ein.

In der Vorratskammer war es stockfinster.

Ich brüllte.

Meine Mutter ließ mich brüllen, bis ich still war.

»Willst du wieder lieb sein?«, fragte sie, nachdem sie die Tür endlich wieder geöffnet hatte.

Mit verheultem Gesicht nickte ich wortlos und hob ebenso wortlos das Füßchen.

Rums! Die Tür war wieder zu.

Ich ging in die zweite Runde. Brüllte, bis ich nicht mehr konnte.

Meine Mutter war sehr groß, als sie ein zweites Mal in der Tür stand und fragte:

»Willst du wieder lieb sein?«

Ein neues Spiel, ein neues Glück!

Ich nickte, hob das Füßchen diesmal aber nur ein winziges Stückchen vom Boden.

Die Tür rumste gnadenlos zu.

Insgesamt spielten wir drei Runden.
Drei Mal ging meine Mutter als Sieger aus dem Spiel hervor.
Beim vierten Mal nickte ich nur noch.
Die Befreiung erfolgte unmittelbar.
Die Geschichte meiner Mutter war hier zu Ende. Meine nicht. Die Rekonstruktion aus allem, was danach geschah, geht so:
Der Kluge weiß, wann er unterlegen ist. Ich hatte keine Chance. Ich musste die weiße Fahne hissen, meine Mutter war einfach zu groß.
Die Entlassung aus dem Gefängnis erfolgte logischerweise, weil ich endlich wieder ein liebes Kind war. In den Augen meiner Mutter. Aus meiner Sicht der Dinge erfolgte sie, weil ich klein beigegeben hatte. Aber ich hatte gelernt, was zu tun ist, um nicht ausgeschlossen zu werden: Ja sagen.
Die Spielregel: Dein Wille geschehe.
Das zu lernen, war gar nicht so schwer.
Ich musste nur schon im Vorfeld wissen, wie ich zu sein hatte, um als liebes Kind durchzugehen.
Ich lernte schnell.
Ich tat, als ob.
Ich übte, bis das Als-ob mein zweites Ich geworden war und mich keine Mühe mehr kostete.

Sein oder Nichtsein

Bei dieser kindlichen Strategie, die das Wir herstellen oder wiederherstellen soll, geht es grundsätzlich um eine zentrale Frage in zwei Variationen:
1. Was muss ich tun, um zu überleben?
2. Was muss ich tun, um geliebt zu werden?

Wenn die Antwort »Anpassung« heißt, folgen rasche, aber illusionäre Siege.
Sie kennen diese Strategie?

Haben Sie den Eindruck, dass sie Ihnen tatsächlich weitergeholfen hat?

Die Siege, die durch Anpassung erzielt wurden, verkehren sich mit der Zeit in ihr Gegenteil, weil der Preis der Anpassung die eigene Authentizität ist.

Aber wenn das Eigene und Eigentliche schon vor Zeiten im Nebel verschwunden ist, wie sollten Sie sich denn heute kennen?

Und wenn Sie sich nicht kennen, wie soll es den anderen denn gelingen?

Wenn Sie nicht authentisch sind, wie soll eine Beziehung funktionieren?

Auch Bezogenheit – wie die Psychologen sagen – ist ein fundamentales menschliches Bedürfnis nach Zugehörigkeit und nach Zusammengehörigkeit, das sowohl auf der seelisch-geistigen als auch auf der körperlichen Ebene existenziell ist. Denn es ist das Miteinanderteilen, das aus Menschen Mitmenschen werden lässt. Es ist das Teilen des persönlichen Glücks oder Unglücks, der besonderen Interessen, Ansichten, Denkweisen, Vorlieben oder Abneigungen. Wenn das Bedürfnis, das Meine mit jemandem zu teilen, von Anfang an und viel zu oft auf Desinteresse, Verständnislosigkeit oder Abwehr stößt, entsteht mit der Zeit ein Gefühl frustrierter Einsamkeit, weil das Eigene und Eigentliche nicht lebendig werden darf. Das ist wesentlich, denn es verletzt den innersten Kern.

Grundsätzlich gibt es leider sogar zwei solide Möglichkeiten, das Selbst zum Verschwinden zu bringen. Wenn das Kind die Aufgabe nämlich nicht durch Anpassung erledigt, kennen die Eltern auch noch andere Mittel und Wege:

IQ 145/w: *Am Anfang war der Familienurlaub im norditalienischen Bordighera ganz wunderbar, denn ich wurde behandelt wie eine Prinzessin. Die Hotelkellner erkannten auf Anhieb, dass ich die Hauptperson der Familie war. Sie wieselten morgens, mittags und abends um mich herum, schoben mir Kissen unter, damit ich die richtige Höhe für den Tisch hatte, und strahlten mich an: Bellissima!*

Ich strahlte zurück.

Niemand von uns konnte bellissima damals wirklich übersetzen, aber dass es irgendetwas mit bella zu tun hatte, war zumindest meinen Eltern klar.

Leider war ihnen die große Kinderliebe der temperamentvollen Italiener peinlich.

Leider war ihnen dieses laute bellissima peinlich.

Leider war ihnen das Getue der Kellner um dieses kleine Mädchen peinlich.

Leider konnten sie den Kellnern dieses Getue nicht verbieten.

Leider war ihnen dieses strahlende kleine Mädchen so peinlich, dass sie am liebsten im Boden versunken wären.

Ich sah, wie sie sich hilflose Blicke zuwarfen. Rampenlicht war nicht ihr Fall.

Meiner aber wohl.

Ich blühte auf.

Ich genoss Vorzugsbehandlung.

Die Kellner gaben mir genau, was ich brauchte. Sie fütterten mich mit meiner Lieblingsspeise. Ich wollte nie wieder weg.

Der Höhepunkt meines Urlaubs war ein Fest.

Ich stand auf der Empore einer elegant geschwungenen Treppe im Fünfzigerjahre-Stil und schaute über das filigrane Stabgeländer hinunter. Im Speisesaal waren die Tische weggeräumt worden, und Menschenmengen schauten zu mir auf.

Ich kann mich nicht erinnern, warum ich dort stand, aber ich stand dort.

Ich kann mich auch nicht mehr erinnern, welches Lied ich ihnen sang.

Aber ich sang.

Und erntete das, was ich brauchte.

Aufmerksamkeit.

Applaus.

Strahlende Gesichter.

Liebe.

Meinen Eltern war der Auftritt peinlich.
Dieses Sich-in-den-Vordergrund-Drängen.
Aber ich hatte mich nicht gedrängt. Ich stand einfach zur richtigen Zeit am richtigen Ort.
Ich hörte, wie mein Vater zu meiner Mutter sagte: »Wenn das Kind doch wenigstens richtig singen könnte.«
Er sagte es, als sei ich nicht vorhanden. Ich stand direkt neben ihm.
Ab dem nächsten Tag bekam ich das Abendessen von einer italienischen Kellnerin auf dem Zimmer serviert. Zwei Etagen über dem Speisesaal.
Exklusiv.
Ich hatte alle meine wunderbaren Fans und ihren tosenden Applaus verloren. Aber ich hatte auch viel gewonnen. Meine Eltern waren wieder froh, erfreuten sich an meiner neuen Unsichtbarkeit und hatten mich wieder lieb. Am nächsten Tag kam das Zimmermädchen mit einer Gummimatte für die Matratze. Ich hatte das Bett eingenässt.
Ich war dreieinhalb Jahre alt. Dieses Spiel hatte ich verloren. Dafür hatte ich aber eine neue Spielregel kennengelernt.
Sei unsichtbar!
Von nun an ging's bergab.
Als Kind war meine Lieblingsfarbe Rot.
Als ich 18 war, trug ich am liebsten Schwarz.
Dazwischen war ich konsequent erzogen worden. Zu einer Verliererin, die am besten unsichtbar bleibt und die auch besser den Mund hält, weil aus diesem Mund sowieso nur Blödsinn kommt.
Werde erst mal erwachsen, bevor du mitreden kannst!
Hab ich gemacht!
Und Spielregel Nr. 3 gelernt.
Ich hielt den Mund und ließ keinen meiner blödsinnigen Gedanken über meine Lippen, wenn pädagogische Autorität im Raum war. Meine Grundschulzeit war herrlich, ein Kinderspiel. Mein Gymnasium war das Gegenteil. Voller Machthaber. In der Unterstufe war es kaum zu ertragen, in der Mittelstufe gar nicht mehr. Deshalb hatte

meine Schullaufbahn von da an nichts mehr mit Laufen zu tun. Nicht einmal mit Davonlaufen. Irgendwie war ich unterwegs gestorben. Ich igelte mich ein in einen dicken watteweichen Panzer, durch den nichts mehr hineinkam und aus dem auch nichts mehr herauskam, jedenfalls die meiste Zeit des Tages.

In der Schule litt ich unter allen Symptomen, die im ICD-10 unter Elektiver Mutismus[30] aufgeführt werden. Kein einziges Wort war in meinem Kopf, das ich hätte sagen können. Aufgerufen zu werden, war eine Tortur, bei der ich jedes Mal am liebsten im Erdboden versunken wäre. Meinen Lehrern hätte das auffallen müssen, aber nur eine einzige Lehrerin hat mal mit meiner Mutter gesprochen. Mit mir sprach natürlich niemand, und meine Mutter redete mit mir im Telegrammstil. Wahrscheinlich war ich ihr schon wieder peinlich. Röcke zu kurz, Pony zu lang, schrecklich ordinär und hochpubertär.

In Wirklichkeit wäre ich damals ein Fall für den Psychologen gewesen, aber Psychologen waren für die Verrückten da, und ich war ja nur hyperhormonell.

Eines Nachts wachte ich plötzlich auf. Mir war absolut klar, dass ich gleich sterben würde. In meiner Panik weckte ich meine Mutter. Meine Mutter war fürsorglich. Sie brachte mich wieder ins Bett, verabreichte mir eine halbe Beruhigungstablette und wartete, bis ich eingeschlafen war.

Problem gelöst!

Verschwunden

Es gibt viele Variationen für das Verschwinden von Menschen, die am Leben leiden. Aber eine schlimme Geschichte wollen wir noch erzählen, weil sie von einer weitverbreiteten Art des Abdriftens in die Nichtexistenz erzählt.

Leonard, IQ 136, litt unter so starken Selbstzweifeln, dass seine depressiven Phasen sich schließlich aneinanderreihten wie die schwarzen Perlen einer Kette. Doch die Kette hatte genauso viele weiße Perlen. Leonard war als Hochleistungssportler so erfolgreich, dass er einen Preis nach dem anderen gewann und schließlich Trainer wurde. Aber obwohl er zusätzlich als selbstständiger Designer arbeitete, kam er finanziell auf keinen grünen Zweig.

Sein finanzielles Desaster war ihm extrem peinlich. Deshalb schwieg er beharrlich, während sein Schuldenberg ins Uferlose wuchs. Erst als er obdachlos wurde, musste er sich und der Welt sein Versagen eingestehen. Seine Familie fiel aus allen Wolken, als er plötzlich vor der Tür stand. Seine Tante rettete ihn vor dem endgültigen Untergang, bezahlte einen Teil seiner Schulden und gab ihm fürs Erste ein Dach über dem Kopf.

Leonard träumte sich durch den Tag und nachts konnte er schlecht einschlafen und nicht durchschlafen. Er konnte kaum Aufträge reinholen, weil er sich nicht überwinden konnte, jemanden anzusprechen. Struktur war ihm ein Fremdwort, definierte Arbeitszeiten hatte er nicht, die wenigen Design-Jobs brachte er irgendwie zu Ende. Er war ein exzellenter Verdrängungskünstler, dessen Wecker ausschließlich um fünf vor zwölf klingelte. Warum?

Leonard war in einer Familie aufgewachsen, in der traditionell über persönliche Gefühle nicht viele Worte gemacht wurden. Die Mutter autoritär, der Vater zurückhaltend und wortkarg. Keiner von beiden war jemals in der Lage, ihm die Anerkennung zu geben, die er so dringend gebraucht hätte. Und keiner von beiden konnte Erziehungsfehler einräumen, nicht vor sich selber, und vor ihrem Sohn erst recht nicht.

So hatte Leonard den Stempel *entwertet* erhalten. Seelisch gesehen, schlingerte er in die Tragödie der Nichtexistenz. Nach außen wirkte er apathisch. Kein Wunder! Wer sich im Kern wertlos fühlt, empfindet auch keine Freude am Leben. Er wird depressiv.

Mitten in diesem grauen Leben hatte Leonard allerdings eine Insel, auf die er sich retten konnte – sein Spitzensport. Alles, was damit zusammenhing – Struktur, Arbeitseifer, Disziplin, Beharrlichkeit, das Ziel im Auge zu behalten –, war ihm so selbstverständlich wie das Amen in der Kirche. Doch nicht einmal die vielen Sportpreise, die er gewann, konnten ihm aus seinem Schattendasein heraushelfen, denn diese Anerkennung bekam er nicht als ganzer

Mensch, sondern nur für einen Teil seiner selbst, die sportliche Leistung.

Aber Leonard fand die Lösung. Er floh aus der Welt. Er schrieb einen Fantasy-Roman in unendlicher Länge, die Restzeit verbrachte er im Internet, und wenn er einmal in diesen Anderswelten versunken war, wollte er nie wieder heraus. Denn er hatte die Welt, die ihn ausgeschaltet hatte, erfolgreich ausgeschaltet. Und er hatte das Leid seines Lebens erfolgreich vergessen. Sich selbst. Er war verschwunden.

Lange Schatten

»Wir alle sind als Originale geboren – warum geschieht es, dass so viele als Kopien sterben?«, fragte 1760 der englische Pfarrer und Dichter Edward Young.[31] Die Antwort lautet: weil der Zwang zur Anpassung an eine äußere Welt und die Verleugnung des Selbst von Kindesbeinen an offenbar zu sehr eingeübt werden. Das ist schlimm und kann nicht nur Depressionen zur Folge haben. Wenn der Tribut, den die Teilhabe an der Gesellschaft und den gesellschaftlichen Untergruppen fordert, von Eltern zu hoch eingestuft wird und deshalb auch ihre Erziehung regiert, wirft diese Einstellung lange, dämonische Schatten, die nicht von alleine verschwinden und einen Menschen sein Leben lang begleiten können.

Ob Sie sich also als Kind durch Ihre Eltern – und auch Lehrer – wertgeschätzt, abgewertet oder entwertet gefühlt haben, spielt eine große Rolle für Ihre heutige Beziehung zu sich selbst und zur Welt. Grundsätzlich hat das mit dem Phänomen Hochbegabung nichts zu tun. Aber wenn jemand starke Wurzeln mitbekommen hat, ist der Umgang mit den Herausforderungen der Hochbegabung leichter. Im umgekehrten Fall kann aus der Herausforderung eine Überforderung werden, weil zum typischen Gefühl des Andersseins das Gefühl des Anders-als-gewollt-Seins hinzukommt.

Wenn Sie überzeugt sind, Dinge meistern zu können oder bereits im Griff zu haben, ist alles gut. Wenn Sie sich aber oft schwach fühlen – warum? Dieses Gefühl ist ja nicht nur das Dauerresultat ehemaliger Ab- oder gar Entwertungen, die Sie vor Jahrzehnten passiv in Empfang genommen haben. In Wahrheit haben Sie immer wieder zugelassen, dass es auch so bleibt.

Es war Ihre Entscheidung. Immer wieder haben Sie sich – wenn auch unbewusst – dafür entschieden, dass Sie im Negativbereich hängen bleiben. Genau wie damals als wehrloses Kind. Als hätten Sie als Erwachsener nicht die Wahl. Aber man hat immer die Wahl, auch wenn man das hin und wieder nicht für möglich hält.

Wer aus diesem unseligen Zustand ausbrechen will, muss sich über diese unbewussten Entscheidungen klar werden, die als eingefleischtes Muster immer wieder ablaufen. Psychologen sprechen von Kontrollüberzeugung[32] und meinen damit die tief verankerte Vorstellung eines Menschen von seiner Position und seinen Möglichkeiten in der Welt.

Entweder sind Sie Herr im eigenen Haus[33], weil Sie das Sagen haben und die Fäden in der Hand halten – in der Fachsprache ist dies die interne Kontrolle über sich selbst –, und dann ist alles gut. Oder aber ein anderer ist Herr in Ihrem Haus. Er hat die externe Kontrolle übernommen. Tief in Ihrem Inneren hat er sich festgesetzt, weil Sie es ihm einmal erlaubt haben und es immer noch tun. Da sitzt er nun wie eine hässliche Kröte, übt Macht aus, setzt Maßstäbe, stellt Forderungen und sitzt zu Gericht. Sich selbst haben Sie damit in die Rolle des Untertans manövriert, zuweilen auch in die Rolle des Angeklagten. Wenn Ihre Gedanken, Vorstellungen und Überzeugungen nach all den Jahren noch immer den Negativurteilen entsprechen, denen Sie als Kind ausgesetzt waren, haben Sie das Nein, das Sie in der Vergangenheit erfahren haben, so sehr verinnerlicht, dass reale Eltern gar nicht mehr anwesend sein müssen. Deshalb können die virtuellen Schatten von damals bis in die Gegenwart hineinreichen und Ihr Leben verdunkeln. Da Sie das Nein zu sich selbst so verinnerlicht haben, rufen Sie unbewusst auch ständig Menschen auf die Bühne Ihres Lebens, die

Ihnen genau dieses Nein subtil oder lauthals an den Kopf werfen und sich Ihnen gegenüber ähnlich destruktiv verhalten wie früher Ihre Eltern. Um diese Spiegelung – in der Fachsprache: Projektion –, um die wir uns später noch eingehendere Gedanken machen, herzustellen, braucht es nicht unbedingt einen ungerechten Chef oder die berühmte Schwiegermutter. Für die Projektion kann jeder herhalten, der mehr Selbstbewusstsein hat als Sie. Allen Mobbing-Opfern und auch allen, die immer mal wieder den Eindruck haben, zu Unrecht den Kürzeren gezogen zu haben, hilft es, über dieses Nein in sich selbst und zu sich selbst nachzudenken.

Diesem Nein folgt automatisch die externe Kontrollüberzeugung. Externe Regisseure können so viel Anpassung fordern und erzwingen, dass es Ihnen mitunter unmöglich ist, souverän zu sein und gelassen zu bleiben. So eingeengt Sie sich fühlen, so eng wird es auch in der Außenwelt. Ohne dass Sie es wirklich merken, blockieren Sie dann eine erteilte Aufgabe, den Aufgabengeber oder aber sich selbst und Ihren ganzen Job, um dieser Enge zu entfliehen.

Wenn ein externer Regisseur dauerhaft das Sagen hat, gibt es für den inneren Regisseur nur zwei Möglichkeiten. Entweder er schweigt oder er rebelliert. Wenn er sich dem externen Regisseur schweigend unterordnet und tut, was dieser will, verleugnet er sich selbst. Er ist nicht authentisch. Aber wenn er auf Dauer nicht frei agieren kann, sondern sich tief in seinem Inneren wie eine Marionette am Faden eines anderen fühlt, leidet er bis hin zur Depression oder zum Burnout. Dann kann er kündigen, sooft er will. Die häufigen Wechsel seiner Beziehungen oder Arbeitsstellen, die von außen als krummer oder mäandernder[34] Lebensweg gewertet werden, werden nichts in seinem Inneren ändern. Stattdessen werden die alten externen Regisseure in der Realwelt einfach durch neue ersetzt, und das böse Spiel setzt sich fort.

Gute Miene zum bösen Spiel zu machen, hilft da gar nicht.

Bilanz zu ziehen, ist eine bessere Wahl.

Wie oft und wie sehr lassen Sie Ihr Leben von anderen mit deren kleinen und großen Bedürfnissen diktieren?

Wie oft und wie sehr lassen Sie Ihr Leben von den sogenannten Sachzwängen diktieren?

Wenn Sie den Verdacht haben, dass das Diktat zu oft und zu sehr von außen kommt, sollten Sie anfangen gegenzusteuern. Das erscheint zwar schwierig, ist es aber nicht wirklich. Das Gegensteuern besteht aus dem großen Nein zu dem Nein, das in Ihnen selbst regiert und Sie schwach macht. Und es besteht aus dem neuen großen Ja zu sich selbst. Beides lässt sich an den ungefährlichen Ecken des Lebens einüben. Das Ja erfordert den beharrlichen Willen, jeden Tag gut zu sich zu sein. Man kann das üben und man muss das üben. Gleichzeitig muss man das Nein verlernen, an das man sich so gewöhnt hat. Wer sich das Rauchen oder sonst ein Laster abgewöhnt hat, weiß, welche inneren Kämpfe damit verbunden sind. Der weiß aber auch, dass man siegen kann.

Sonnenschein

Wenn der innere Regisseur sich erhebt und anfängt, für seine Unabhängigkeit zu kämpfen, geschieht nach einer kleinen Weile etwas, das der Tragödie des Marionettenlebens auch in der Außenwelt ein Ende bereitet. Man registriert plötzlich, dass man gesehen, gehört und wahrgenommen wird, und zwar weil man selber damit angefangen hat.

Es kann aber auch etwas ganz anderes passieren. Die Umwelt hat dann vielleicht schon wieder den Eindruck, Hochbegabte wüssten nicht, was sie wollen, weil sie wieder die Arbeitsstelle wechseln, eine Beziehung lösen oder eine Freundschaft aufkündigen. Auf einer tiefen Ebene wissen sie es aber durchaus: Sie wollen sich endlich auf die Suche nach sich selbst begeben, indem sie hinter sich lassen, was sie klein bleiben ließ.

Das kann ein Weg von Trial-and-Error sein, aber Authentizität entsteht schließlich nicht von heute auf morgen! Letztendlich muss bei dieser inneren Revolution alles hinweggefegt werden, was nicht passt, was nicht echt und ehrlich ist und deshalb die Authentizität eines Menschen unter sich begräbt.

Das gilt für jeden. Für Hochbegabte gilt es noch ein bisschen mehr, weil sie mehr Raum für ihr Selbst brauchen, um sich frei zu fühlen. Dass Hochbegabte sich nicht leicht binden, liegt eben nicht nur daran, dass ihr IQ sich von dem der anderen 97 oder 98 Prozent der Menschen unterscheidet. Es liegt vor allem auch daran, dass sie sich den Raum für den eigenen Kopf selbst zugestehen und darauf achten müssen, dass er ihnen auch zugestanden wird. Wenn sie sich tatsächlich mit all ihren Besonderheiten angenommen haben, fühlen sie sich frei und geborgen zugleich und leben auch als Sozialwesen auf. Dann haben sich die langen Schatten der Vergangenheit aufgelöst, und die Sonne scheint fast jeden Tag.

Bisher haben wir nur Probleme besprochen, die man mit anderer Einstellung und einem Perspektivwechsel lösen kann. Die Einstellung der Gesellschaft lässt sich nur mit Geduld und zahlreichen Mutigen verändern, und auch die langen Schatten früherer Autoritätspersonen lassen sich auflösen. Aber den Sprengstoff, der sich im Zusammensein von Hochbegabten und Normalen oft wie von selbst entzündet, haben wir überhaupt noch nicht angetastet. Den Sprung in diese Gefahrenzone machen wir jetzt!

Hätte Gott mich anders gewollt,
so hätt' er mich anders gebaut.
Da er mir aber Talent gezollt,
Hat er mir viel vertraut.

Johann Wolfgang von Goethe[35]

Gefahrenzone Hochbegabung

Jeder von uns erlebt die Welt auf seine eigene Weise und jeder von uns erliegt immer mal wieder der Versuchung, von sich selbst auf andere zu schließen, von den eigenen Gedanken, Problemen und Gefühlen, von den eigenen Strategien oder Zielen auf die aller anderen Menschen. Ohne nachzudenken, gehen wir einfach davon aus, dass die anderen genauso ticken wie wir selbst, und erst wenn wir damit oft genug auf die Nase gefallen sind, fangen wir an, darüber nachzudenken, wie sehr sich sogar die uns am nächsten stehenden Menschen in ihrem Erleben und Verständnis der Welt von uns unterscheiden.

Andere Standpunkte und Sichtweisen nachvollziehen und verstehen zu wollen, bedeutet immer eine Annäherung an den anderen und eine Erweiterung des eigenen bewussten Horizonts. Aber dieses andere meinen wir im Augenblick nicht.

Wir meinen das genaue Gegenteil.

Wir meinen das andere, das eine Erfahrung von Einengung und Ausgrenzung nach sich zieht, wenn ganz verschiedene Menschen einer Person im Laufe ihres Lebens immer wieder signalisieren, dass sie anders ist, und zwar unangenehm anders. Dieses »anders« erzeugt Leid und umso mehr Leid, wenn jemand gar nicht weiß, warum er solche Signale erhält, geschweige denn, wie sich das ändern lassen könnte. Deshalb ist dieses »anders«, dieses Markenzeichen der Hochbegabten, des Pudels Kern.

Dass sie den meisten Menschen weder ähneln noch gleichen, wissen Hochbegabte. Befriedigend ist das nicht. Deshalb liegt es auf der Hand, die Wissenschaftler mit ihrem klaren Anspruch auf Objektivität nach diesem »anders« zu befragen. Aber wenn es um Intelligenz oder gar Hochbegabung geht, ist deren Wissen der reinste Schmelztiegel von Wahrheiten. In der wissenschaftlichen Community herrscht ein begrifflicher Wirrwarr von babylonischem Ausmaß. Allein die Interpretation von Intelligenz kann ein mentales Schleudertrauma verursachen. Wir wollen es dennoch wagen, auf diesen Schleudersitz aufspringen und Ihnen zeigen, was passieren kann, wenn viele Wissenschaftler ihr Zepter schwingen. Die kurzzeitige Verwirrung, die Sie dabei vermutlich erleben werden, muss sein, um ein paar Dinge zu klären.

Intelligenz

Das kann Intelligenz sein:
1. Fluide. Bei diesem Begriff liegt der Schwerpunkt auf der Fähigkeit, Beziehungen zu erfassen und anzuwenden.
2. Kristallin. Damit sind verbale und sprachgebundene Fähigkeiten gemeint.[36]

Mit einem anderen Blickwinkel kann Intelligenz auch all das sein:
1. Raumvorstellung,
2. Sprachverständnis,
3. Wortflüssigkeit,
4. Rechenfertigkeit,
5. Induktion,
6. Wahrnehmungsgeschwindigkeit und
7. mechanisches Gedächtnis.[37]

Und auch das kann Intelligenz sein:
1. was mit Intelligenztests gemessen werden kann,
2. die Fähigkeit, zweckvoll zu handeln, vernünftig zu denken und sich mit seiner Umgebung wirkungsvoll auseinanderzusetzen,

3. die Fähigkeit, das Denken auf neue Forderungen einzustellen, sich also an neue Aufgaben und Bedingungen des Lebens geistig anpassen zu können,
4. die Fähigkeit, Ordnungen (Redundanz) als Orientierungshilfen in der Welt zu finden.[38]

All diese Erklärungen kognitiver Fähigkeiten, die zum Wissen und Können einer bestimmten Person zu einer bestimmten Zeit in einem bestimmten Kulturraum gehören, beschreiben, je nach wissenschaftlichem Standpunkt, Intelligenz sehr unterschiedlich.

Genau. Sie beschreiben – mehr nicht.

Intelligenz ist ein Phänomen, das sich mit keiner unserer Sinneswahrnehmungen beobachten und selbst mit unserem intelligenten Verstand nur konstruieren lässt.

Sie selbst lässt sich einfach nicht greifen, und das muss man hinnehmen. Sie ist das, was wir auch als Geist bezeichnen. Geist ist nicht materiell, deshalb lässt er sich nicht messen, sondern allenfalls interpretieren, und daher kommen die verschiedenen theoretischen Auffassungen, die das Ergebnis eines subjektiven Schwerpunkts und einer subjektiven Sicht der Dinge sind.

Dem naturwissenschaftlichen Anspruch der Psychologen auf Objektivität lässt sich deshalb nur mit einem Trick gerecht werden. Der kognitiven Intelligenz kommt man nämlich indirekt auf die Schliche, indem man jemanden Aufgaben lösen lässt und die Menge der richtig gelösten Aufgaben mit dem Ergebnis vergleicht, das vergleichbare Menschen – desselben Alters, desselben Kulturraums und zur selben Zeit – erzielt haben. So kommen die IQ-Tests zustande. Und so kommen auch die zwei bis drei Prozent Menschen zusammen, denen Hochbegabung, also eine besonders hohe Intelligenz hinsichtlich vergleichbarer Menschen, bescheinigt wird.

Aber wissen wir deshalb, was Intelligenz ist?

Hochbegabung

Die Vielfalt an Intelligenzdefinitionen ist groß, erscheint aber geradezu mager, wenn man den üppig wuchernden Strauß der Hochbegabungsdefinitionen danebenstellt.

Der deutsche Psychologe Ernst A. Hany, Professor für Pädagogisch-psychologische Diagnostik und Differentielle Psychologie an der Erziehungswissenschaftlichen Fakultät der Universität Erfurt, soll 1987 bei einer Recherche zum Begriff »Hochbegabung« auf mehr als hundert verschiedene Definitionen gekommen sein.[39]

Der amerikanische Psychologe Robert Sternberg hat 1995 immerhin fünf hochbegabungstypische Kriterien zusammengestellt, auf die sich die meisten Forscher einigen können:

1. das *Exzellenzkriterium*, d. h., eine Person ist leistungsmäßig den anderen mindestens auf einem Gebiet deutlich voraus,
2. das *Seltenheitskriterium*, d. h., die Person hat eine hohe Ausprägung einer Eigenschaft, die bei anderen nur selten so hoch ausgeprägt ist (z. B. Intelligenz),
3. das *Produktivitätskriterium*, d. h., die Begabung befähigt die Person zur Herstellung besonderer Produkte oder zu besonderen Handlungen,
4. das *Beweisbarkeitskriterium*, d. h., die Hochbegabung kann von der Person willentlich unter Beweis gestellt werden, sodass sie beispielsweise durch Tests gemessen werden kann,
5. das *Wertekriterium*, d. h., die Hochbegabung einer Person zeigt sich in Bereichen, die von der Gesellschaft für wichtig erachtet und geschätzt werden.[40]

Darüber hinaus existieren weitere Begrifflichkeiten:
6. Die *Performanzdefinition*, bei der sich Hochbegabung als sichtbare hohe Leistung zeigt, entspricht dem Exzellenzkriterium.
7. Die *Kompetenzdefinition* versteht Hochbegabung dagegen als hohes Potenzial, das sich nicht unbedingt in Leistung ausdrücken muss.

8. Die *Intelligenzquotientdefinition*, eine sogenannte eindimensionale Definition, spricht von intellektueller oder kognitiver Hochbegabung, wenn ein bestimmter quantitativer Grenzwert erreicht oder überschritten wird, nämlich IQ 130 und Prozentrang 98.[41]
9. Die *psychometrische Definition* ist dasselbe und heißt nur so, weil hier gemessen wird. Sie entspricht der Intelligenzquotientdefinition und dem Beweiskriterium.

Die Definitionen schießen ins Kraut, und mit der Zeit ist daraus ein Feld von Kraut und Rüben geworden. Inzwischen ist vielen Forschern immerhin klar geworden, dass man der Intelligenz im Allgemeinen und speziell der Hochbegabung mit eindimensionalen bzw. statischen Definitionen nicht gerecht werden kann.

Deshalb richtete schon die Marland-Definition des Kommissars für Bildung der USA, Sidney P. Marland Jr., der von August 1970 bis Juni 1971 die Erziehung der Begabten und Talentierten untersuchte, ihren Blick sowohl auf die verschiedenen einzelnen und kombiniert möglichen Hochbegabungen als auch auf die mögliche Wirkung eines Hochbegabten auf seine Umwelt.[42]

Darüber hinaus akzeptierte Marland sowohl die Performanz- als auch die Kompetenzdefinition: »Kinder, die zu Hochleistungen fähig sind, sind sowohl die bereits Erfolgreichen als auch die mit potenziellen Fähigkeiten in einem beliebigen der folgenden Bereiche, und zwar einzeln oder in Kombination:
1. allgemeine intellektuelle Fähigkeit,
2. besondere theoretische Fähigkeiten,
3. kreatives oder leistungsfähiges Denken,
4. Führungsfähigkeiten,
5. bildende und darstellende Kunst,
6. psychomotorische Fähigkeit.«[43]

Auch alle anderen Hochbegabungsmodelle gehen inzwischen davon aus, dass Hochbegabung mehrdimensional ist.

Haben Sie gemerkt, dass wir gerade von Modell gesprochen haben

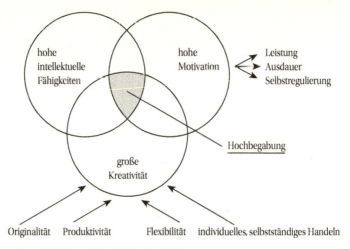

Drei-Ringe-Modell nach Joseph Renzulli, 1978

und nicht von Definition? Die folgenden Modelle sind so vielschichtig, dass eine daraus abzuleitende Definition wahrscheinlich ein Bandwurmsatz würde, der Thomas Mann in den dunkelsten Schatten stellte. Die Forscher griffen zum Stift und fingen an zu zeichnen, was das Zeug hält, damit auf einen oder zwei Blicke halbwegs klar wird, in welcher Komplexität sie sich bewegen.

Der erste in einer langen Reihe von Wissenschaftlern, die nach den entscheidenden Faktoren suchten, die aus Intelligenz Hochbegabung machen, war 1978 der Amerikaner Joseph Renzulli mit seinem Drei-Ringe-Modell.[44] Danach braucht es nicht nur

1. hohe intellektuelle Fähigkeiten,

sondern

2. Leistungsmotivation,
3. Ausdauer und
4. die Fähigkeit zur Selbstregulation.
5. Eine große Portion Kreativität ist nötig, und zwar im Sinne von
   a) Originalität,
   b) Produktivität,
   c) Flexibilität und
   d) individuellem, selbstständigem Handeln.

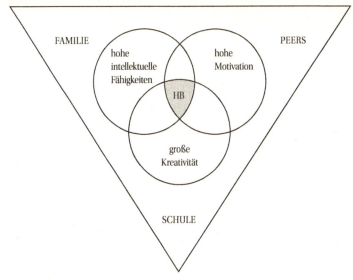

Triadisches Interdependenzmodell nach Franz Mönks, 1993

Joseph Renzulli sind einige Wissenschaftler gefolgt; sie haben sein Modell verfeinert und mit dynamischen Faktoren bereichert, die alle auch am Zustandekommen von Hochbegabung mitwirken.

Der niederländische Entwicklungspsychologe Franz J. Mönks etwa fügte 1993 mit seinem Triadischen Interdependenzmodell[45] Renzullis Persönlichkeitsfaktoren noch drei Umweltfaktoren hinzu, nämlich
1. Schule,
2. Familie und
3. Peer[46]

Im Jahr 2000 bestimmte der deutsche Begabungs- und Bildungsforscher Kurt A. Heller in seinem Münchner Hochbegabungsmodell[47] sieben mögliche Begabungsfaktoren: intellektuelle und kreative Fähigkeiten, soziale Kompetenz, Musikalität, Psychomotorik, künstlerische und praktische Fähigkeiten.

Daneben definierte er fünf nichtkognitive Persönlichkeitsmerkmale: Stressbewältigung, Leistungsmotivation, Arbeits- und Lernstrategien, (Prüfungs-)Angst und Kontrollüberzeugungen.

Nach Heller lässt sich Hochbegabung in acht möglichen Leistungsbereichen feststellen: Mathematik, Naturwissenschaften, Technik, Informatik/Schach, Kunst (Musik, Malen), Sprachen, Sport und in sozialen Beziehungen.

Für die Manifestation oder Nichtmanifestation von Hochbegabung sind aber fünf Umweltmerkmale entscheidend: familiäre Lernumwelt, Familienklima, Instruktionsqualität, Klassenklima und kritische Lebensereignisse.

Der gesunde Menschenverstand sagt, dass er recht hat, denn der Geist hält sich einfach aus nichts heraus. Er ist das dynamischste, komplexeste und gleichzeitig unfassbarste Phänomen, mit dem und durch das wir leben. Genau deshalb muss jede zu eng gestrickte Definition von Intelligenz und Hochbegabung scheitern. Geisteswissenschaftlich betrachtet ist das noch nie ein Problem gewesen. Nur Psychologen, die sich noch immer dem Eindeutigkeitsanspruch der Naturwissenschaften verpflichtet fühlen, sehen sich vom Übergewicht der vielen weichen Faktoren bedroht.

Die für seinen Geschmack inflationäre Dynamik der mehrdimensionalen Modelle ging dem Marburger Hochbegabungsforscher Detlef Rost schließlich so auf die Nerven, dass ihm 2002 der Kragen platzte. Er wetterte:

»Eine Erklärung des Phänomens ›Hochbegabung‹ leisten solche ›Modelle‹, die kaum mehr sind als eine mehr oder weniger vollständige Auflistung diverser pädagogisch-psychologischer Variablen (-Gruppen), hübsch in Kreisen, Ellipsen oder kleinen Kästchen verpackt, mehr oder weniger beliebig mit Strichen verbunden, jedenfalls nicht, und für die Identifikation und Förderung Hochbegabter liefern sie kaum praktikable Anregungen (es sei denn, man gibt sich mit Allgemeinplätzen wie ›alle aufgeführten Variablen können für Hochbegabung bedeutsam sein oder auch nicht‹ zufrieden). Spötter bezeichnen sie denn auch als ›boxologische‹ Modelle.«[49]

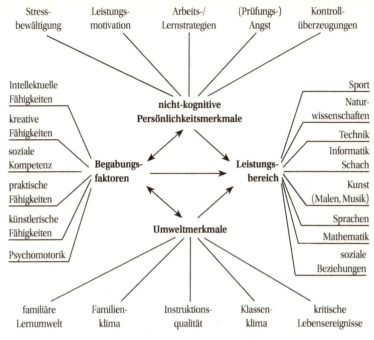

Münchner Hochbegabungsmodell nach Kurt Heller, 2000[48]

Alles gut

Rost, der Vater des Marburger Hochbegabtenprojekts,[50] begann 1987 an der Philipps-Universität Marburg eine extrem vielschichtige Langzeitstudie, um kognitiv Hochbegabte nicht nur mit dem normalbegabten Durchschnitt, sondern auch mit Hochleistern vergleichen zu können. Über 7 000 Grundschüler der dritten Klasse wurden damals mehrfach getestet. Es kristallisierten sich 151 Hochbegabte heraus, die Kontrollgruppe bestand aus 136 normalbegabten Mitschülern. Dazu kamen 118 Hochleister aus den neunten Klassen und als Kontrollgruppe noch einmal 112 durchschnittliche Neuntklässler. Es wurden Daten über Daten zur Entwicklung dieser 517 Probanden gesammelt und ausgewertet, und zwar vor allem auch im nicht kognitiven Bereich, weil Rost einfach alles über diese Menschen, ihre Gemeinsamkeiten und ihre Unterschiede, wissen wollte.

Seine Fragen zielten u. a. auf ihre Persönlichkeit, ihr Temperament, ihre Interessen, ihre Sensibilität, ihre Wahrnehmung der eigenen Person, ihre Wahrnehmung der eigenen Kompetenz, ihre Fähigkeit zur Selbststeuerung, ihre Erfolgsorientierung und ihre Fähigkeit zur Anpassung. Aber Rost wollte auch noch alles über die Freunde und die Familie wissen. Und will es immer noch, denn abgeschlossen ist diese Studie noch nicht.

Sein wissenschaftliches Resümee für die hochbegabten Kinder klingt so: »Zusammenfassend können damit die Hochbegabten als im Schulsystem gut integriert und schulisch erfolgreich sowie sozial unauffällig, psychisch besonders stabil und selbstbewusst charakterisiert werden. Berücksichtigt man dazu noch die vergleichbaren Befunde des Marburger Hochbegabtenprojekts im Grundschulalter, lassen sich die in der (vorwiegend nicht empirischen) Literatur immer wieder herausgestellten besonderen psychosozialen Probleme Hochbegabter als schlichte Vorurteile entlarven.«[51]

Das Marburger Hochbegabtenprojekt gehört nach wie vor zu den größten der Welt. Deshalb hat Rost eine Art Vorreiterrolle und deshalb wird er aufgrund seiner Studienergebnisse auch nicht müde zu behaupten, Hochbegabte hätten überhaupt keine Probleme, und wenn sie doch welche hätten, wären diese auch nicht sonderlich größer oder kleiner als die der anderen: »Hochbegabte Kinder gehen (...) stärker aus sich heraus, sind warmherziger, emotional stabiler, ruhiger, fröhlicher, enthusiastischer, natürlicher als Schüler mittlerer und unterer Intelligenz. Andere Untersuchungen berichten Unterschiede im Selbstkonzept und im Selbstvertrauen, in generalisierten Kontrollüberzeugungen und in Ängstlichkeit, und zwar in der Regel zugunsten der Hochbegabten. (...) Auch im Marburger Hochbegabtenprojekt konnte belegt werden, dass sich Persönlichkeitsmerkmale und Temperamentsfaktoren hochbegabter Grundschulkinder von denen durchschnittlich Begabter nur wenig unterscheiden, und wenn einmal ein nennenswerter Unterschied zu beobachten ist, dann fällt er zumeist zugunsten der Hochbegabten aus.«[52]

Und dann bringt Rost es auf den Punkt: »Die in vielen Ratgeberbüchern aufgestellte Behauptung, Hochbegabte stellten eine Risikogruppe dar, entbehrt jeder erfahrungswissenschaftlichen Grundlage. Diese Aussage ist schlichtweg falsch.«[53]

Aha!

Wenn die Hochbegabten also alle so fröhlich und stabil sind, fragt sich natürlich, warum es so viele Foren und Blogs gibt, in denen Hochbegabte nicht im Chor singen und Party machen, sondern sich über ihre Probleme austauschen. Und es fragt sich, warum immer mehr Hochbegabungsratgeber nicht nur auf dem Markt sind, sondern auch gekauft werden. Wohl kaum, weil die Buchkäufer alle so fröhlich und emotional stabil sind.

Es fragt sich auch, warum Rost – genau wie sein amerikanischer Vorgänger Lewis Terman[54] – alles so rosig sehen kann, während Sidney P. Marland als Kommissar für Bildung im US-Ministerium für Gesundheit, Bildung und Soziales aufgrund seiner landesweiten Studie, die er im Auftrag des amerikanischen Kongresses leitete, schon 1972 zu folgendem Ergebnis kam: »Außergewöhnliche Fähigkeiten sind für die meisten Menschen problematisch, sogar schon in frühester Kindheit. Kleine hochbegabte Kinder stoßen auf Schwierigkeiten, wenn sie versuchen, ihr Tun und Handeln selber zu steuern. Weil ihre Ideen anders sind, verlieren sie den Anschluss an andere, werden ausgegrenzt und fühlen sich isoliert. Von allen Kindern einer großen hochbegabten Gruppe waren nach Aussagen von Pädagogen die Kindergarten-Kinder diejenigen, die die schwächste Anbindung an die Gruppe hatten. Dies wurde dem Mangel an Erfahrung in diesem Alter zugeschrieben, sich den Erfordernissen anzupassen, mit Frustrationen umzugehen oder – wie ältere Schüler – ein Repertoire von angemessenen Ersatzaktivitäten zur Verfügung zu haben.«[55]

Wenn hochbegabte Kleinkinder sich den Erfordernissen anpassen, mag das die Mitmenschen fröhlicher machen. Für die Kinder sieht das anders aus. »Manche jungen Menschen mit Potenzial verbergen ihre Fähigkeiten, um sich einer normaleren Gruppe anzupassen. (...) Hochbegabt zu sein, heißt oft, anders zu sein und einzigartig und zu oft unsichtbar.«[56]

Diese Aussage bezog Marland auf Kinder, aber wer als Kind lernen muss, unsichtbar zu werden, ist irgendwann erwachsen und immer noch unsichtbar, und zwar nicht nur für Mitmenschen, sondern hochgradig auch für sich selbst. In einer solchen Diskrepanz zwischen gewolltem Schein und ungewolltem Sein zu leben, geht auf Dauer nicht gut, weil es die Basis für das ist, was man psychische Instabilität nennt. Rost lehnte sich zu weit aus dem Fenster, als er in einem *ZEIT*-Interview nach der psychischen Instabilität der Hochbegabten gefragt wurde. »Ist widerlegt!«, posaunte er, »Hochbegabte sind im Schnitt psychisch genauso stabil oder gar stabiler. Das haben alle Untersuchungen weltweit gezeigt!«[57]

Eben nicht!

Alles schlecht?

An der Ruhr-Universität Bochum wurde 2012/13 eine große Studie über die Zusammenhänge zwischen Hochbegabung und berufsbezogenen Persönlichkeitseigenschaften[58] durchgeführt, an der 496 erwachsene Mensaner[59] und als Kontrollgruppe 2 654 Normalbegabte teilnahmen. Rüdiger Hossiep, Wirtschafts- und Personalpsychologe sowie Eignungsdiagnostiker, und sein Psychologenteam wollten wissen, ob »der einzige Unterschied zur ›Normalbevölkerung‹ in der Hochbegabung an sich besteht oder ob Hochbegabte eine charakteristische Persönlichkeitsstruktur haben«.[60] Sie wollten wissen, was Hochbegabte als Menschen gut oder vielleicht auch gar nicht gut können – vor allem auch im Zusammensein mit anderen Menschen. Sie wollten wissen, was es mit Fähigkeiten wie Teamorientierung, Durchsetzungsstärke und Flexibilität auf sich hat, und siehe da: Krasser hätte der Gegensatz zu Rosts Marburger

Studie nicht ausfallen können. Das Selbstvertrauen etwa, das für Rost bei den Hochbegabten durchweg größer ist als bei den Normalbegabten, ist nach dieser Studie entschieden schwächer, und die emotionale Stabilität der normalbegabten Frauen ist etwa dreimal so hoch wie das der hochbegabten Frauen, das der normalbegabten Männer doppelt so hoch wie das der hochbegabten Männer.

Die Bochumer Forscher nahmen insgesamt vier große Bereiche unter die Lupe:
1. die berufliche Orientierung,
2. das Arbeitsverhalten,
3. die sozialen Kompetenzen und
4. die psychische Konstitution.

In sämtlichen Kategorien der sozialen Kompetenzen,
1. Sensitivität,
2. Kontaktfähigkeit,
3. Soziabilität,
4. Teamorientierung und
5. Durchsetzungsstärke,

schnitten die Hochbegabten schlechter ab als die Normalbegabten.

In allen Fragen der psychischen Konstitution,
1. emotionale Stabilität,
2. Belastbarkeit und
3. Selbstbewusstsein,

schnitten die Hochbegabten ebenfalls deutlich schlechter ab als die Normalbegabten.

Auch im Arbeitsverhalten,
1. Gewissenhaftigkeit,
2. Flexibilität und
3. Handlungsorientierung

rangierten die Hochbegabten hinter den Normalbegabten. Einzige

Ausnahme: Die hochbegabten Frauen waren ein bisschen gewissenhafter als alle anderen.

Nur in der beruflichen Orientierung mit den Bereichen Leistungs-, Gestaltungs- und Führungsmotivation sah die Sache anders aus. Die Leistungsmotivation der Hochbegabten war zwar etwas geringer als die der Normalbegabten und in der Führungsmotivation waren sie den Normalbegabten krass unterlegen.

Aber was Gestaltungsmotivation betrifft, hatten sie die Nase wirklich weit vorn. Die Ergebnisse der Bochumer Studie weichen von denen der Marburger Studie nicht nur ab, sondern verkehren sie in ihr Gegenteil.

Alles anders!

»Ich sage nicht, es gäbe bei den Hochbegabten keine Probleme. Ich stelle nur fest, dass diese bei den Hochbegabten im Vergleich zu den durchschnittlich Begabten nicht sonderlich gehäuft auftreten.«[61]

Rosts Behauptung wird angesichts der Bochumer Studie äußerst fragwürdig. Denn wenn Menschen ständig mit anderen zu tun haben, die ihnen in fast allen menschlichen Fähigkeiten, die für die Zusammenarbeit wichtig sind, überlegen sind, entsteht ein Reibungspotenzial, das Probleme generiert, innerlich und äußerlich.

Aber Konfliktpotenzial sieht Rost allenfalls bei den kindlichen Underachievern: »Das Selbstkonzept[62] der Underachiever ist beschädigt, auffällig sind hohe Emotionalität, soziale Unzufriedenheit und geringe seelische Stabilität. Ihre Eltern betonen die negative Entwicklung des Sozialverhaltens und bezeichnen ihre hochbegabten Underachiever als besonders schwierig.«[63] Danach müssten die meisten Mensaner der Bochumer Studie Minderleister sein. Das kann einfach nicht stimmen!

Zusammenhänge zwischen Hochbegabung und berufsbezogenen Persönlichkeitseigenschaften, nach Rüdiger Hossiep, 2012/13

Um diese Ungereimtheiten zu klären, wollen wir uns ansehen, worum es in der Bochumer Studie über die – statistisch gesehen – typischen Eigenarten von Hochbegabten im Einzelnen ging. Und wir möchten an dieser Stelle deutlich sagen: Hossiep und seinem Kollegen Paschen sei Dank! Denn die Studie über die Hochbegabten wurde mit dem BIP gemacht, dem Bochumer Inventar zur berufsbezogenen Persönlichkeitsbeschreibung.[64] Dieses Testverfahren mit insgesamt 254 Fragen, das 14 Dimensionen der Persönlichkeit erhebt, entwickelten die beiden Bochumer Forscher im Jahr 2003. Seitdem ist es im deutschen Sprachraum allgemein wissenschaftlich anerkannt und wird vor allem von Wirtschaftspsychologen großer Firmen verwendet, um Aussagen darüber machen zu können, wer optimal für welche Position geeignet ist, und um Mitarbeiter auf Basis der Testergebnisse optimal coachen zu können. Die einzelnen Persönlichkeitsmerkmale sind im BIP so präzise beschrieben, dass wir sie ausführlich zitieren, um die typischen Eigenarten vieler Hochbegabter, die sich aus der Studie von 2013 ergeben, mit größtmöglicher Genauigkeit darzustellen.

Hohe Gestaltungsmotivation

Für Hochbegabte »ist es von großer Bedeutung, sich aktiv an einer Veränderung und Gestaltung ihrer Umgebung zu beteiligen«. Deshalb »wird eine berufliche Tätigkeit mit hohem Gestaltungsspielraum angestrebt: Vorstellungen und Ideen werden mit großem Engagement verfolgt. Gestaltungsmotivierte Personen sind bereit, auch gegen deutliche Widerstände anzugehen, wenn sie eine Aufgabenstellung begeistert. Es ist sehr motivierend für sie, wenn es ihnen gelingt, Missstände zu beseitigen, etwas Neues durchzusetzen und eigene Vorstellungen zu verwirklichen«.[65]

Was heißt das?

Gestaltungsmotivation bezieht sich auf Prozesse und Strukturen, die jemand positiv beeinflussen, d. h. gestalten, reformieren, erneuern oder gar revolutionieren will. Prozesse und Strukturen müssen dafür erst einmal erkannt und analysiert werden. Dies ist eine dreistufige mentale Aktion, die damit beginnt, vorhandene Missstände überhaupt zu erkennen. Danach heißt es, die Verantwortung für die Beseitigung dieser Missstände übernehmen zu wollen. Und erst danach beginnt die geistige Suche nach optimalen Mitteln und Wegen, die zum Ziel führen. Alle drei Stufen können sehr schnell und reibungslos ineinander übergehen. Und wenn Ideen und Vorstellungen eines aktuell erreichbaren Optimums gefunden sind, kann die eigentliche Gestaltung der Wirklichkeit erfolgen. Vor jeder Tat ist die Gestaltungsmotivation ein rein mentales Streben, bei dem es immer um die Veränderung eines unbefriedigenden Status quo geht, die idealerweise vom Problem zur Problemlosigkeit, vom Chaos zur Ordnung, von Fehlerhaftigkeit zur Fehlerlosigkeit, von schweren zu leichten Verhältnissen oder von Hässlichkeit zu Schönheit führt.

Der Prozess der Gestaltungsmotivation, die in Gestaltung münden kann, wenn diese nicht durch äußere Umstände oder Personen verhindert wird, ist ein sowohl analytisches als auch spielerisches, kreativ-konstruktives Vorausdenken und -planen in mehreren Schritten. Eine Art mentales Schachspiel, bei dem verschiedene Züge ausprobiert, verworfen oder weiterverfolgt werden können.

Die Gestaltungsmotivation bezieht sich nicht nur auf Optimierungen am Arbeitsplatz, sondern greift in jeden Bereich des Lebens. Je nach Anlass, Interesse und Talenten kann sie sich auf Partnerschaftskonflikte oder die Erziehung der Kinder beziehen, auf die Urlaubs- oder Wochenendplanung, die Neugestaltung eines Zimmers oder ein 5-Gänge-Menü. Bei aller Verschiedenheit der Projekte – was immer gleich zu sein scheint, ist die angestrebte Qualität. Es ist das geistige Optimum.

Bevor Sie weiterlesen, denken Sie ein wenig darüber nach, wo Sie in Ihrem Leben die größte Gestaltungsmotivation erleben und ob es Situationen gegeben hat, in denen Sie vor allem Ihre Gestaltungsmotivation genutzt haben, um einen Missstand subjektiv ins Positive wenden zu können. Lassen Sie sich die Anlässe durch den Kopf gehen und erinnern Sie sich an manch einen kreativen und konstruktiven Entwicklungsprozess, den Sie durch Ihre Gestaltungsmotivation in Gang gesetzt haben.

Und dann denken Sie darüber nach, dass Sie Ihr Talent zur Gestaltungsmotivation auf sich selbst anwenden können, um aktuelle und chronische Probleme zu minimieren oder gar aufzulösen.

Geringe Führungsmotivation
Der Wille zur Führung anderer Menschen sei vielen Hochbegabten eher fremd, sagen die Bochumer Forscher, und stelle »keinen nachhaltigen Anreiz dar. Fachliche Kompetenzen stehen demgegenüber vermehrt im Mittelpunkt ihres Engagements. Personen mit niedrigen

Werten weisen nicht nur ein geringeres Motiv zur Wahrnehmung von Führungsaufgaben auf, ihnen fehlen auch einige für Führungskräfte typische Facetten des Selbstbildes, etwa die Ausstrahlung von Autorität. Bei zahlreichen Personen mit niedrigen Werten auf dieser Skala geht das geringe Führungsmotiv mit einer hohen Wertschätzung für fachlich anspruchsvolle Aufgaben einher. Sie sehen sich eher als Spezialisten oder in Stabsfunktion, weniger in direkter Linienverantwortung. Es fehlt in der Regel die für eine erfolgreiche Wahrnehmung von Führung notwendige gewisse ›positive‹ Aggressivität«.[66]

Die hohe Position innerhalb einer Hierarchie ist für viele Hochbegabte geradezu reizlos verglichen mit dem hohen geistigen Anspruch, der mit der Lösung mancher Aufgaben befriedigt werden kann. Sie sind keine Alphatiere auf menschlicher, sondern auf sachlicher Ebene. Dabei spielt die Gestaltungsmotivation eine große Rolle, denn das kreative Vorgehen ist bei fachlichen bzw. sachlichen Problemen viel leichter zu realisieren als im Umgang mit Menschen. Es scheint, dass solche Aufgaben einfach besser stillhalten, sich von allen Seiten betrachten, auseinandernehmen und anders wieder zusammensetzen lassen. Mit Menschen funktioniert ein solches Vorgehen nicht, weil sie keine Schachfiguren sind. Fokus und Talent vieler Hochbegabter liegen also weniger auf einem Du oder einem Ihr, sondern auf einem Es, dass sich managen lässt, und die Interaktion erfolgt nicht mit Subjekten, sondern mit Objekten. Das Es rangiert eindeutig über dem Du.

Bevor Sie weiterlesen, denken Sie ein wenig über Ihren eigenen Führungswillen nach. Worauf richtet er sich? Auf Menschen oder auf die Lösung von Problemen, die natürlich auch menschliche Probleme sein können?

Sind Sie eher

a) der geborene Menschenführer oder

b) der Feldherr in einer mentalen Schlacht zwischen Pros und Kontras, Thesen und Antithesen, Analysen und Synthesen?

Geringe Handlungsorientierung
Das Bochumer Inventar zur berufsbezogenen Persönlichkeitsbeschreibung sagt Folgendes: »Personen mit niedriger Handlungsorientiertheit neigen im Allgemeinen nicht zu ›Schnellschüssen‹, sondern ringen oft lange mit sich, bevor sie eine Tätigkeit aufnehmen oder eine Entscheidung in die Tat umsetzen. Niedrig handlungsorientierte Personen quälen sich mehr, bevor sie ihre Vorhaben in Angriff nehmen.«[67] Für Hochbegabte gilt das oft.

Kurz gesagt ist es das alte Gebot der Vernunft – erst denken, dann handeln – und das Gegenteil von Impulsivität. Je wichtiger eine Entscheidung ist, desto seltener wird sie aus dem Bauch heraus gefällt, weil sich irgendwo noch ein unerkanntes und deshalb unbedachtes Problem verstecken könnte, das als Fehler im Gedankensystem zu einer Fehlentscheidung führen würde. Die im BIP erwähnte Qual ist der mentale Kampf gegen mögliche Fehler, die Keimzelle von Chaos. Es ist ein persönlicher innerer Krieg gegen ein potenziell destruktives Es, der als so schwerwiegend erlebt werden kann, dass die tatsächliche Handlung hinten anstehen muss.

Bevor Sie weiterlesen, denken Sie ein bisschen über Ihre eigene Handlungsorientierung nach. Das Ringen um die richtige Entscheidung findet natürlich nicht immer und überall statt, sondern umso mehr und intensiver, je einschneidender und folgenschwerer Ihnen eine Entscheidung zu sein scheint.

Wie oft spielen Sie alle möglichen Konsequenzen durch und suchen immer noch nach einer weiteren, die Sie noch nicht bedacht haben könnten?

Sind Sie dabei zwar ungeduldig, aber beharrlich, weil Sie nach der in jeder Hinsicht optimalen Entscheidung suchen?

Dass Sie Entscheidungen nicht impulsiv treffen, heißt nicht, dass Sie nicht impulsiv und temperamentvoll sind oder sein können, sondern dass Sie Ihre Impulsivität vollkommen beherrschen können, wenn es um Dinge geht, die für Sie in irgendeiner Weise existenziell sind und deren Konsequenzen nicht Klarheit und Leichtigkeit bedeuten könnten, sondern Unordnung und Schwierigkeiten.

Geringe Sensitivität

Mit Sensitivität meinen die Bochumer Wissenschaftler hier nicht die Hochsensibilität, über die in letzter Zeit im Zusammenhang mit Hochbegabung so viel nachgedacht wird, sondern etwas ganz anderes: »Personen mit niedrigen Werten auf dieser Skala sind (…) in der Wahrnehmung der Befindlichkeit ihrer Gesprächspartner und ihrer Einschätzung angemessenen Verhaltens unsicher. Ihnen ist nicht immer deutlich, wie ihre Handlungen von anderen aufgefasst und interpretiert werden.«[68]

Das gilt vor allem für Hochbegabte.

Manchmal reden sie einfach zu viel und bemerken nicht, dass sie ihr Gegenüber gar nicht mehr zu Wort kommen lassen. Das ist keine böse Absicht, und das Ziel ist nicht die Selbsterhebung. Aber leider schaffen es Hochbegabte immer wieder, das Zusammensein mit anderen hierarchisch werden zu lassen, weil sie nicht mitbekommen, dass sich der Gesprächspartner untergebuttert fühlt. Dabei wollten sie doch nur etwas erklären. Im begeisterten Eifer ihres eigenen mentalen Gefechts ließen sie den anderen sogar an allen Pros und Kontras teilnehmen, und als sie endlich mit ihrem ausufernden Gerede fertig waren, wunderten sie sich, warum das Feedback so mager ausfiel.

Bevor Sie weiterlesen, denken Sie ein bisschen darüber nach, wie oft Sie sich schon selbst in eine solche Situation hineinmanövriert haben. Die wenigsten Menschen fühlen sich wohl, wenn sie den Eindruck haben, einem Dozenten gegenüberzustehen. Und zumindest innerlich verabschieden sie sich, weil Sie diese kleine Partnerschaft des Miteinanderredens gerade im Keim erstickt haben.

Die Bochumer meinen, dass es für Sie dann besonders wichtig sei, »strukturierte und realistische Rückmeldungen darüber zu erhalten«, wie Sie »in verschiedenen Situationen von anderen wahrgenommen werden«.[69] Es ist deshalb so wichtig, damit Sie mit dem Gesprächspartner auf Augenhöhe kommen und auch bleiben.

Wenn Sie unbedingt über Ihre neuesten Erkenntnisse zum Liebesleben des Pfauenauges reden wollen, weil Schmetterlinge nun mal Ihr Hobby sind, halten Sie sich kurz – oder machen Sie es witzig, wenn Sie können. Ansonsten brauchen Sie einfach einen anderen Schmetterlingsliebhaber zum Reden. Das heißt nicht, dass Sie sich stattdessen für die langweiligen Lieblingsthemen anderer begeistern sollen. Aber wenn ein Thema für beide Seiten passt, erinnern Sie sich daran, dass Sie ein kreativer Mensch der mentalen Prägung sind, der das Spiel mit dem Es meisterhaft beherrscht.

Stellen Sie sich eine Waage vor. Sie sind die eine Waagschale, die andere ist Ihr Gesprächspartner. Achten Sie darauf, dass die Waagschalen während des Gesprächs ausgewogen auf- und abschwingen können, und gleichen Sie aus, wenn eine der beiden Waagschalen, vor allem Ihre eigene, zu schwer wird. Und wenn das Du, das Ihr und das Wir kein Buch mit sieben Siegeln sein soll, tun Sie das, was Sie so gut können:

Nehmen Sie, während Sie reden, das Verhalten, die Mimik, die Gestik Ihres Gegenübers wahr. Und hören Sie auch mal auf zu reden. Halten Sie den Mund. Stellen Sie Fragen. Und zwar auch persönliche Fragen.

Geringe Kontaktfähigkeit
Leider reden Sie in anderen Fällen zu wenig, weil Sie nicht kontaktfreudig genug sind. Das BIP sagt dazu: »Personen mit niedrigen Skalenwerten verhalten sich in sozialen Situationen eher zurückhaltend und gehen seltener von sich aus auf Menschen zu. Es dauert manchmal eine Weile, bis sie neue Bekanntschaften knüpfen. Dies kann einerseits darin begründet sein, dass ihnen ein kleiner Kreis von engen Freunden und Bekannten genügt. Eine zweite Facette liegt in einer Unsicherheit und Befangenheit in verschiedenen sozialen Situationen, sodass sie auf andere reserviert und zurückhaltend wirken. Neben dem Zugehen auf andere Menschen fällt diesen Personen auch der Aufbau persönlicher Netzwerke, auf die sie bei Problemen zurückgreifen können, nicht leicht. Es fällt ihnen schwer, aktiv Bindungen – beispielsweise zu Kollegen oder Kunden – auf-

zubauen. Sie verhalten sich in dieser Hinsicht eher abwartend und wenig initiativ.«[70]

Da man als Mensch ein Du braucht, soll es bitte auch eines geben, aber ein optimales. Eines, das hundertprozentig passt. Das wirklich vertrauenswürdig ist. Auf das man sich tatsächlich verlassen kann. Das man einordnen kann. Das möglichst ebenbürtig ist. Das Klarheit zu bieten hat und deshalb auch die Klarheit einer Beziehung ermöglichen kann.

Das ist nicht unbedingt eine realistische Geisteshaltung, und das wissen Hochbegabte meistens auch. Aber ihr Anspruch ist hoch. Sehr hoch. Wenn eine reale Person diese ideale Vorstellung eines Optimums auf Erden erfüllen oder ihr wenigstens nahekommen könnte, wäre es einfach schön.

Mit Schüchternheit hat die geringe Kontaktfähigkeit nicht unbedingt zu tun, sondern eher mit der Vermeidung möglicher Enttäuschungen. Es ist konsequent, erst mal abzuwarten, zu beobachten und Möglichkeiten im Kopf durchzuspielen. Aber wenn es beim mentalen Spiel mit den Möglichkeiten bleibt, bringt das für einen realen Kontakt nichts und kann in Einsamkeit münden, die man sich selber eingebrockt hat. Denn dieses Verhalten ist der Rückzug auf ein Es, ein geistiges Spiel, das so verlockend ist, weil es mehr Sicherheit gewährt als ein reales Du.

Bevor Sie weiterlesen, denken Sie ein wenig darüber nach, in welchen Situationen Sie sich gegenüber Mitmenschen eher abwartend, zurückhaltend oder reserviert verhalten. Das muss sich nicht nur auf den Arbeitsplatz beziehen. Ihre – oft unbewusste – Zurückhaltung merken Sie mitunter daran, dass

1. in Gesprächen das Leben der anderen viel häufiger Thema ist als Ihr eigenes Leben,
2. die Probleme der anderen viel öfter Gesprächsstoff sind als Ihre eigenen Probleme,
3. die Interessen der anderen viel häufiger im Mittelpunkt von Gesprächen stehen als Ihre eigenen.

Überwinden Sie sich. Machen Sie den Mund auf. Erzählen Sie von einer – persönlichen! – Schwierigkeit, die Sie haben. Fangen Sie mit einem kleinen Problem an und entdecken Sie, dass ein anderer zuhört und antwortet. Mag sein, dass Sie diese Antwort längst schon selber im Kopf hatten, bevor Sie sie wieder verwarfen. Machen Sie eine Frage daraus, die Sie Ihrem Gesprächspartner stellen, und bleiben Sie neugierig für seinen Blickwinkel.

Geringe Soziabilität
»Personen mit niedrigen Werten in diesem Bereich gehören nicht zu den Menschen, die überall beliebt sein möchten. Es bedeutet ihnen eher wenig, von anderen als angenehm im Umgang und stets rücksichtsvoll wahrgenommen zu werden«, sagt das BIP.[71]

Der Duden erklärt soziabel mit »fähig« und »willig, sich in die Gesellschaft einzupassen, umgänglich, gesellig« und auch »unkompliziert«.[72] Aber wenn Hochbegabten etwas am Herzen liegt, wollen sie gar nicht unbedingt eingepasst, umgänglich, gesellig und unkompliziert sein. Sie wollen Klarheit. Und wenn es nötig ist, denken sie so lange nach, bis sie sie endlich haben. Alles andere ist zumindest eine Zeit lang zweitrangig.

Das ist der Grund für die Beobachtung der Bochumer Wissenschaftler, dass Personen mit niedrigen Soziabilitätswerten nicht unbedingt Everybody's Darling sein wollen. »Kritik und unangenehme Wahrheiten sprechen sie offen aus und nehmen dabei gelegentlich in Kauf, andere vor den Kopf zu stoßen.«[73] Denn »für sie führt häufig nicht Harmonie, sondern Reibung und Auseinandersetzung zum Ziel. Man weiß von ihnen, dass sie ehrlich aussprechen, was sie denken, und nicht zu den Personen gehören, die anderen schmeicheln, um Sympathien zu erlangen«.[74] Dabei wollen Hochbegabte gar nicht unbedingt aggressiv oder dominant sein, nehmen aber in Kauf, dafür gehalten zu werden. Denn sie müssen wissen, woran sie sind, sie müssen wissen, wie es weitergeht, und sie müssen wissen, wie und ob sich ein Problem, vor dem sie stehen, lösen lässt. Deshalb werden Hochbegabte der Wahrheit und Klarheit in manchen Fällen lieber gerecht als dem Wohlgefallen, selbst wenn sie sich dabei ins eigene Fleisch schneiden.

Es ist klar, was daraus folgt. »Mögliche Schwierigkeiten entstehen bei diesen Personen am ehesten bei der reibungslosen Integration in Teams.«[75] Für Hochbegabte hat die Klarheit Vorrang, die Integration muss deshalb manchmal hinten anstehen. Für das Persönlichkeitsmerkmal geringe Soziabilität bedeutet das: Das Es, nämlich der Wille zur Klarheit, dominiert über das Du.

Bevor Sie weiterlesen, überlegen Sie kurz, ob Sie solche Situationen kennen, in denen Sie nicht länger auf einem Haufen Dreck sitzen wollen. Das kann der Dreck einer Beziehung sein, der unter den Teppich gekehrt wurde. Es kann sich aber auch um jedes andere Problem handeln, das in Ihren Augen bereinigt werden muss, und das tun Sie zur Not mit Kompromisslosigkeit. Das Mittel der schonungslosen Wahrheit beherrschen Sie und setzen es ein, wenn es nötig wird, damit endlich Klarheit herrscht.

Geringe Teamorientierung
»Wenig teamorientierten Personen sind hohe Autonomie und Eigenständigkeit bei der Arbeit sehr wichtig. Sie möchten nicht auf die Unterstützung anderer angewiesen sein. In einer Tätigkeit, die ihnen in hohem Maße selbstständiges und von anderen unabhängiges Handeln erlaubt, fühlen sie sich am wohlsten.«[76] Sie »nehmen Arbeitsgruppen bisweilen als ein Auffangbecken wahr, in dem weniger leistungsfähige Mitarbeiter von den Leistungen der Stärkeren profitieren. Sie betonen zwar die Wichtigkeit von Kooperation, sind aber in der Regel trotzdem der Auffassung, dass sie viele Aufgaben am besten allein lösen könnten. Insgesamt betrachtet sind diese Menschen eher ›Einzelkämpfer‹, die zumindest in ihrer beruflichen Tätigkeit selbstständig und unabhängig agieren wollen.«[77]

Was heißt das?

Viele Köche können für Hochbegabte wirklich den Brei verderben. Denn:

1. Wer schnell denkt, muss oft auf die anderen warten, und das kann eine heilige Geduld erfordern. Intelligente und hochbegabte Menschen sind aber keine Heilige. Sie werden nervös und bekommen schlechte Laune, die sich kaum verbergen und in Schach halten lässt. Und das ist ein Problem, das sich sofort ausschalten lässt, wenn man ohne Team arbeitet.
2. Wer kreativ denkt, muss oft Überzeugungsarbeit leisten. Das Out-of-the-box-Denken, das Querdenken, das Um-die-Ecke-Denken, das geschmeidige Surfen durch die unendlichen Weiten des mentalen Raums, das Hochbegabte so mögen, kann Mitmenschen dermaßen überfordern und verunsichern, dass sie nicht nur verständnislos den Kopf schütteln, sondern sich von oben bis unten sperren. Dann heißt es, zwei bis drei Gänge zurückzuschalten und – gefühlt – wieder beim Urknall anzufangen. Auch das ist ein Problem, das sich ausschalten lässt, wenn man ohne Team arbeitet, und erst wieder eingeschaltet werden muss, wenn die Kundschaft überzeugt werden soll.
3. Der Anspruch anderer tendiert oft nicht zur Vollkommenheit und deshalb auch nicht zur Klarheit. Ein Hochbegabter kann sich nicht wirklich darauf verlassen, dass andere Teammitglieder ihr Ziel genauso hoch stecken wie er. Andererseits kann er sich je nach Teamaufgabe auch dermaßen langweilen, dass er geistig abschweift und seine Partner ihn als schlechten Teamplayer ansehen.

Bevor Sie weiterlesen, denken Sie ein wenig darüber nach, welche Beziehung Sie zum Gruppengeist haben. Das betrifft nicht nur Ihre Arbeit, sondern alle Situationen, in denen Sie mit Menschen zusammen sind, die ein gemeinsames aktuelles oder auch langfristiges Ziel haben. Die Frage ist hier nicht so sehr, ob Sie sich ein- und auch unterordnen können, sondern ob Sie das wollen. Ob Sie einen Widerstand in sich fühlen, der mal mehr und mal weniger niedergerungen werden muss. Ob Sie sich in diesem Team oder jener Gruppe überhaupt wohlfühlen.

Wenn nicht, heißt das nicht, dass für Sie nur eine einsame Insel infrage kommt. Es heißt nur, dass diese Gruppe für Sie nicht stimmt.

Wenn Sie sich ausgenutzt fühlen, nehmen Sie sich zurück. Warten Sie ab, was passiert. Und wenn Sie sich dann immer noch unwohl fühlen, weil sich nichts ändert, heißt das noch einmal, dass diese Gruppe für Sie nicht stimmt.

Geringes Selbstbewusstsein

»Personen mit niedrigen Werten«, heißt es im BIP, »machen sich oft Sorgen, wie sie auf andere wirken und welchen Eindruck sie hinterlassen. Die mögliche Bewertung durch andere Personen ist ihnen ständig präsent und schränkt ihren Handlungsspielraum in manchen Fällen ein. Oft würden sie sich wünschen, selbstsicherer zu wirken und weniger nervös zu sein, vor allem wenn sie im Mittelpunkt der Aufmerksamkeit einer größeren Gruppe stehen. Kritik kann sie verunsichern, vor allem dann, wenn sie schroff formuliert ist.«[78] Diese Verhaltenstendenz ist subtil und wird von außen nicht unbedingt wahrgenommen, außer von sehr aufmerksamen Menschen. Auf den ersten Blick scheint sie der geringen Soziabilität zu widersprechen. Dennoch kann ein Mensch beides leben. Die geringe Soziabilität herrscht vor allem, wenn einem Hochbegabten etwas am Herzen liegt. Je wichtiger ihm etwas ist, desto unwichtiger wird es, Everybody's Darling zu sein, denn er kämpft für ein Anliegen, eine Idee, eine Sache, ein Projekt und befindet sich auf einer Sachebene. Das geringe Selbstbewusstsein bezieht sich dagegen auf seine Person, auf ihn als Ganzes. Deshalb wird geringes Selbstbewusstsein eher als Dauerzustand erlebt, während die geringe Soziabilität ein Verhalten im Kampf für ein Thema ist.

Ein Hochbegabter mit geringem Selbstbewusstsein geht unbewusst davon aus, dass andere Menschen an ihn ebenso hohe Ansprüche stellen wie er selbst, dass sie von ihm in jedem Fall das Optimum erwarten. Gekoppelt mit der Überzeugung, dass er das gar nicht immer und überall leisten kann, manövriert er sich in eine Zwickmühle. Als würde es nicht schon reichen, dass er von sich selber oft zu viel verlangt, tun es in seiner Vorstellung nun auch noch alle anderen. Immer und überall.

Damit steht er in einem Zweifrontenkrieg zwischen seiner eigenen Vorstellung des zu erreichenden Optimums und der eingebildeten Anspruchshaltung der anderen. Ständig muss er gewappnet sein für den Fall der Fälle, der leider am laufenden Band eintreten kann. Ständig muss er stark sein. Ständig muss er perfekt sein, und gleichzeitig sind ihm all seine Schwächen präsent. Damit hat er sich sein eigenes Schlachtfeld der Vorstellungen entworfen, auf dem er nur verlieren kann. Und die Niederlagen, die er einstecken muss, sind ihm jedes Mal ein weiterer Beweis für seine Nichtigkeit.

Letztendlich handelt es sich hier um eine Inszenierung zweier mentaler Es: die Anspruchshaltung, die sich nach innen richtet, und die Anspruchshaltung von außen, die jemand auf sich gerichtet glaubt. Wer sich in diese Zwangsjacke begibt, wird nicht zerrieben, sondern zerreibt sich selbst, indem er zulässt, dass die Macht eines zweifachen Es, einer doppelten Anspruchshaltung, über das Ich siegt und die mentale über die reale Ebene herrscht.

Bevor Sie weiterlesen, denken Sie ein bisschen darüber nach, in welchen Fällen Sie sich kleiner machen als Sie sind. Sie haben das nicht nötig, andere kochen auch nur mit Wasser. Sicher, Ihr Verstand sagt Ihnen, dass das stimmt. Nur Ihr Unterbewusstsein rebelliert und gibt ein Aber nach dem anderen von sich. Wie Sie mit diesem uneinsichtigen, störrischen Kleinkind umgehen können, zeigen wir Ihnen in den nächsten Kapiteln.

Geringe emotionale Stabilität
»Personen mit niedrigen Werten im Bereich der emotionalen Stabilität«, heißt es im BIP, »benötigen eine gewisse Zeit, um über Niederlagen und Misserfolge hinwegzukommen. Sie fühlen sich öfter entmutigt, unzulänglich und manchmal überfordert. Wenn sie bedrückt oder sehr besorgt sind, fällt ihnen die Bewältigung ihrer

Aufgaben mitunter schwer. (...) Einige Personen beschreiben (...) häufige Stimmungsschwankungen und emotionale Wechselhaftigkeit als zeitlich überdauernd für sich zutreffend.«[79]

Der weit unterdurchschnittliche Wert für die emotionale Stabilität von Hochbegabten rangiert in der Bochumer Studie nur geringfügig über dem miserablen Wert für die Führungsmotivation. Und beides scheint zusammenzuhängen.

Der kritische Detlef Rost bestätigt einen hohen Zusammenhang zwischen emotionaler Labilität und Neurotizismus, einer Persönlichkeitseigenschaft, die mit Begriffen wie ängstlich, launisch, empfindlich, depressiv, reizbar und labil beschrieben werden kann.[80] Wie sehr aber der Neurotizismus mit der Lebenserfahrung zusammenhängt und wie stark sich beides im Laufe des Lebens gegenseitig hochschaukeln kann, hat eine neue Langzeitstudie gezeigt, die Bertus F. Jeronimus 2014 mit 296 Teilnehmern an der Reichsuniversität Groningen durchführte.[81]

Die Gefahr, ein neurotischer Mensch zu werden, ist je nachdem, was ein hochbegabtes Kind an Erfahrungen macht, groß. Über das Problem der gesellschaftlichen Diskreditierung und die möglichen Fehler von Eltern und anderen Autoritätspersonen hatten wir schon in den vorangegangenen Kapiteln gesprochen. Wer aber oft verletzt wurde, kann nicht stabil sein und hat eine ausgeprägt negative Erwartungshaltung hinsichtlich der nächsten drohenden Verletzung. Die potenzielle Gefahr der nächsten Verletzung lässt einen zu oft verletzten und deshalb verletzlichen Menschen auch kaum Führungsmotivation entwickeln. Er kann sich entspannen, wenn er allein oder unter Menschen ist, denen er vertraut. Er kann sich aber kaum entspannen, wenn er unter zu vielen fremden Menschen ist, und so erklärt sich auch die Beobachtung eines Freundes von IQ 128/w: »*Ich werde nicht klug aus Dir. Mal mit Volldampf und unter Strom, und mal im Schneckenhaus und hinter den Spiegeln. Wie kann ein einzelner Mensch nur so extrovertiert und genauso introvertiert sein?*«

Bevor Sie weiterlesen, denken Sie ein wenig darüber nach, wie viel Ihre eigene Verletzlichkeit mit den erfahrenen Verletzungen zu tun haben könnte. Hinfallen, aufstehen, Krone richten, weitergehen – das sind weise Worte. Aber was, wenn jemand zu oft hingefallen ist, weil er umgestoßen wurde? Wenn kein Pflaster da war, um die Wunde zu versorgen, und kein Tröster in der Not? Es ist klar, dass das Aufstehen jedes Mal ein wenig mehr Kraft kostet. Wer aber keine Kraft mehr hat, bleibt liegen und wird depressiv. Das heißt, für neurotische, angstbesetzte Menschen ist es noch wichtiger als für alle anderen, wieder aufzustehen. Wie das gehen kann, erfahren Sie in Kürze. Denn jetzt beschäftigen wir uns erst einmal mit der geringen Belastbarkeit von Hochbegabten, die mit ihrer geringen Stabilität zusammenhängt.

Geringe Belastbarkeit
»Während bei der emotionalen Stabilität vor allem der gefühlsmäßige Umgang mit schwierigen Situationen erfasst wird, zielen die Fragen dieser Skala eher auf physische Merkmale ab. Die beiden Skalen sind hoch interkorreliert, denn häufig geht psychisches Unwohlsein mit körperlichen Beschwerden einher. (...) Personen mit niedrigen Testwerten geben an, bei starken Belastungen schnell die Grenzen ihrer Leistungsfähigkeit zu erreichen. Wenn sie sich über eine längere Zeit hinweg hohen Anforderungen stellen müssen, fühlen sie sich erschöpft und gereizt oder nervös. Psychologisch bedeutet dies, dass die Bereitschaft zur Auseinandersetzung mit weiter wachsenden Belastungen eher gering ist.«[82]

Die geringere Belastbarkeit Hochbegabter kann verschiedene Gründe haben. Wenn es um sachliche Aufgaben oder Probleme und deren Lösungen geht, kann die psychische Belastung enorm sein, weil ein Krieg zwischen dem individuell vorgestellten und zu erreichenden Optimum und der tatsächlichen Wirklichkeit ausgefochten wird. Das zu erreichende Ideal ist eine Wunschvorstellung, der man sich restlos unterwerfen kann, indem man alles um sich herum und sich selber ausblendet. Dieses Verhalten ist zwanghaft, lässt sich aber durch bewusste Selbstbeobachtung und entsprechendes Verhalten regulieren.

In diesem Krieg fungieren nämlich körperliche Beschwerden wie rote Warnlampen, die signalisieren, dass die irdische Wirklichkeit des Menschen akzeptiert werden muss. Die Aufgabe ist, sich von der dauerhaften Überbeanspruchung und Überanspannung in höheren mentalen Sphären wieder hinab in die Zonen der Menschlichkeit zu begeben. Auf der Körperebene wird dadurch die Herrschaft des vorgestellten und zu erreichenden Ideals über die reale Welt ausgebremst und in ihre Schranken verwiesen.

Die Botschaft ist klar. Wenn das Leben weitergehen und auch wieder besser werden soll, muss für den Ausgleich gesorgt werden, nachdem viel zu viel Aufmerksamkeit in die eine und viel zu wenig Interesse in die andere Waagschale geworfen wurde. Denn eine gesunde Lebendigkeit und eine lebendige Gesundheit herrschen nur dann, wenn sich die körperlichen und seelisch-geistigen Waagschalen um eine virtuelle Mitte leise auf und ab bewegen, anstatt zur Bewegungslosigkeit zu tendieren.

Bevor Sie weiterlesen, denken Sie ein bisschen darüber nach, in welchen Situationen Sie sich auf diese spezielle Weise zwanghaft verhalten und zulassen, dass ein vorgestelltes Ideal, ein Es, die Herrschaft über Sie gewinnt. Seien Sie den körperlichen Warnzeichen dankbar, denn sie sind ein lauter Ausdruck der Weisheit Ihres Körpers, die der leisen Weisheit Ihres Selbst entspricht. Und seien Sie nicht nur dankbar, dass Ihr Selbst sich um Sie kümmert, sondern handeln Sie konsequent zum Wohl Ihres Körpers, indem Sie anfangen, sich bewusst Ruhepausen zu gönnen, weil Sie sich endlich erlauben, wieder ein Mensch zu sein.

Neben der totalen geistigen Fixierung auf eine (selbst) gestellte Aufgabe und deren Lösung gibt es ein »psychisches Unwohlsein mit körperlichen Beschwerden«, wie die Bochumer Forscher sagen. Wenn die Arbeitsbelastung hoch, die Wahrnehmung fein und die Empfindung stark sind, wird mitunter eine innere Grenze überschritten, die körperliche Stoppsignale hervorruft. Alles Mögliche kann zu viel werden: zu viele Geräusche, zu laute Musik, zu viele Menschen, zu schnelle Autofahrten. Als Sofortmaßnahme hilft die bewusst eingesetzte Reizarmut, eine Vermeidungstherapie, wie man sie auch bei Allergenen einsetzt. Alles, was zu viel wird, muss ausgesperrt werden – wie bei einem Unwetter, vor dem man sich ins Haus flüchtet. Denken Sie darüber nach, in welchen Situationen Sie unter dieser Art von Überreizung leiden, die sich als körperliche Beschwerden manifestieren. Im Privatbereich lässt sich darauf oft leicht reagieren. Aber entspricht das Arbeitsfeld Ihren Bedürfnissen?

Wer hat recht?

Sehen wir uns diese zehn Persönlichkeitsmerkmale alle auf einmal an, dann spitzt sich die Aussage auf ein übergreifendes Thema Hochbegabter zu, das Immanuel Kant auf den Punkt gebracht hat: »Eine Idee ist nichts anderes als der Begriff von einer Vollkommenheit, die sich in der Erfahrung noch nicht vorfindet.«[83] Hochbegabte leben nicht Tag und Nacht in der Welt der Ideen, aber wesentlich öfter, lieber und intensiver als Normalbegabte. Wenn sie ihre Ideen in der Realität vorfinden, ist alles gut. Wenn sie ihre neuen Erkenntnisse – und auch diese gehören zur Welt der Ideen – in der realen Welt verankern können, sodass andere sie vorfinden können, ist auch alles gut. Aber wenn alles gut ist, ist es für Hochbegabte gleich wieder schlecht, weil es keine ordentliche Herausforderung, keine knisternde Spannung und keinen Abenteuerspielplatz gibt.

Und dann entsteht diese berühmte Langeweile, die Hochbegabten so oft und zu Recht nachgesagt wird. Diese Langeweile ist hochgradig nervös, eine Art mentaler Hunger, eine besondere geistige Unruhe, mit der wir uns noch ausführlich beschäftigen. Hochbegabte brauchen Ideen und Herausforderungen, sonst laufen sie innerlich Amok und äußerlich auch und brechen wieder ihre Zelte ab und streben wieder zu neuen Ufern.

Alle zehn Persönlichkeitsmerkmale, in denen sich Hochbegabte so sehr von anderen unterscheiden, müssen in Abhängigkeit von dieser starken, oft verspielten Beziehung zur mentalen Welt, diesem Hunger nach geistigen Herausforderungen und diesem ständigen Streben nach möglichst vollkommenen, möglichst idealen Lösungen gesehen werden. Wenn sie das nicht immer wieder mal haben, kann sich nicht nur Unzufriedenheit breitmachen, sondern auch Verzweiflung.

Wenn man all die erhobenen Persönlichkeitsmerkmale Hochbegabter auf den Punkt bringt wie in der nachfolgenden Tabelle, ergibt sich ein klares Bild, das auf den ersten Blick vielleicht erschreckend ist, auf den zweiten Blick aber einen Sinn ergibt. Hochbegabte haben in erster Linie eine Beziehung zur geistigen Dimension und erst in zweiter Instanz eine Beziehung zum Menschen. Das heißt weder, dass sie beziehungsunfähig oder gefühllos, noch, dass sie Unmenschen sind. Im Gegenteil. Aber es heißt, dass sie als Erdenwesen einiges zu lernen haben, was anderen in die Wiege gelegt wurde.

Schauen Sie sich die Tabelle in Ruhe an. Sie definiert in Kurzform, was wir in den vorangegangenen zehn Abschnitten beschrieben haben.

Von den Persönlichkeitsmerkmalen, die Rost aufgrund seiner sorgfältigen Marburger Studie herausgefunden hat, bleibt nichts übrig. Und alles in allem widersprechen die Aussagen der Bochumer Studie denen der Marburger Studie komplett. Aber wenn sie nun beide recht hätten, die Bochumer und die Marburger? Rosts Untersuchung reicht nämlich nur bis in die Adoleszenz – vom vollendeten 10. bis zum 21. Lebensjahr – hinein, während Hossieps Probanden ihre Jugend schon hinter sich hatten.

Persönlichkeitsmerkmale Hochbegabter	Dominant Mensch reale Welt ich, du, wir, ihr	Dominant Idee mentale Welt es
Hohe Gestaltungsmotivation	▼	▲
Geringe Führungsmotivation	▼	▲
Geringe Handlungsorientierung	▼	▲
Geringe Sensitivität	▼	▲
Geringe Kontaktfähigkeit	▼	▲
Geringe Soziabilität	▼	▲
Geringe Teamorientierung	▼	▲
Geringes Selbstbewusstsein	▼	▲
Geringe emotionale Stabilität	▼	▲
Geringe Belastbarkeit	▼	▲

Bruchstelle

Identität ist immer auch Identität im Kontext. Einerseits ist sie das Ergebnis nicht nur der Gene, sondern auch der erlebten Erfahrungen, der eigenen Einschätzung, Gedanken, Erwartungen und Vorstellungen. Andererseits ist sie das Resultat der Wahrnehmung und des Feedbacks durch die Mitmenschen. Identität ist nicht in Stein gemeißelt, sondern entwickelt sich, und zwar nicht zu einem festgelegten Zeitpunkt, sondern ein Leben lang. Innerhalb dieser Dynamik gibt es aber einen außerordentlichen Meilenstein, einen Höhepunkt, der zugleich einen Aufbruch ins Leben markiert. »Die sensible Phase für die Entwicklung der Identität ist die Adoleszenz«, sagt Erik H. Erikson,[84] deutsch-amerikanischer Psychoanalytiker, der das Erringen von Identität als Zentralthema des Jugendalters versteht. Ohne die Fähigkeit der Selbstreflexion ist Selbstfindung nicht möglich, und »die Fähigkeit zur Introspektion und Selbstreflexion erreicht einen ersten Höhepunkt« in der Jugend, bestätigt Jörg M. Fegert, Präsident der Deutschen Gesellschaft für Kinder- und Jugendpsychiatrie, Psychosomatik und Psychotherapie e. V.[85]

Das gilt natürlich für jeden Menschen. Wie viel nach dieser Phase noch übrig bleibt von all der kindlichen Neugier, der Unvoreingenommenheit, der Offenheit, der ungefilterten Naivität, dem Spieltrieb und der Spontaneität, hängt stark davon ab, wie viele Ängste, negative Erwartungshaltungen und Minderwertigkeitsgefühle sich bis dahin angesammelt haben und schließlich manifest geworden sind.

Für Hochbegabte scheint allerdings etwas Besonderes zu gelten. Denn in einer Hinsicht sind sie kompromisslos: Sie können nicht auf die Befriedigung ihres Spieltriebs verzichten, den sie in der geistigen Welt ausleben. Dieser mentale Spieltrieb, der bei vielen, aber nicht allen hochbegabten Kindern erstaunt beobachtet wird – den Wunderkindern und kleinen Einsteins –, scheint bei allen Hochbegabten im Laufe des Lebens ans Licht zu drängen. Er will verwirklicht werden. Und deshalb muss er auch verwirklicht werden, wenn ein Hochbegabter nicht als Häufchen Elend enden will.

Die geglückte und möglichst auch dauerhafte Befriedigung dieses Spieltriebs sorgt dafür, dass er kongruent mit sich selber wird. Sie sorgt für das Gefühl der Identität und sie sorgt tatsächlich auch für Glück. Was das ist? Im Fall der Hochbegabten fällt eine Antwort gar nicht schwer. Es ist das kindliche Glück, das aus dem schöpferischen Handeln im Augenblick entsteht, einem Handeln, das Überraschungen liebt und ohne Pragmatismus auskommt. Es ist die Freude am gestaltenden Tun. Das Ziel haben erwachsene Hochbegabte zwar im Hinterkopf, aber wenn sie es nach der Gestaltungsphase erreicht haben, macht das weniger Freude als das eigentliche Tun. Und wenn diese Tür zur Gestaltung nicht aufgeht und offenbleibt, kommt es zu Ergebnissen wie in der Bochumer Studie.

Du kannst! So wolle nur!

Johann Wolfgang von Goethe[86]

Die Auswege

Intelligente Menschen werden oft von einer Angst beherrscht, die Wissenschaftler als Neurotizismus bezeichnen. Es ist die Angst vor der nächsten Ausgrenzung oder Diskreditierung und die logische Folge von zu vielen Erfahrungen des Nicht-willkommen-Seins, die in der Vergangenheit gemacht wurden und nach denen Hochbegabte ihr Verhalten ausrichten. Das Verhalten folgt der Haltung, und aus beidem sprechen weder Freiheit noch Verantwortung, sondern Ohnmacht. Aber »nur wer frei ist – und immer auch anders agieren könnte –, kann verantwortlich handeln«, sagt der österreichische Philosoph und Physiker Heinz von Foerster. »Das heißt: Wer jemand die Freiheit raubt und beschneidet, der nimmt ihm auch die Chance zum verantwortlichen Handeln. Und das ist unverantwortlich.«[87] Ebenso unverantwortlich ist es, sich selbst der Freiheit zu berauben, weil man sich die Chance zum verantwortlichen Handeln gegenüber der Welt und sich selbst nimmt. Genau das tut man aber, wenn man Angst hat.

Um der Angst optimal zu begegnen, muss man sich über etwas Grundsätzliches klar werden. Es gibt zwar drei Dinge, die sich nicht ändern lassen, weil sie der Vergangenheit angehören. Es gibt aber auch drei Dinge, die sich durchaus ändern lassen, weil sie in der Zukunft liegen. Sehen Sie sich die Zeichnung an, und Ihnen wird sofort klar, was wir meinen.

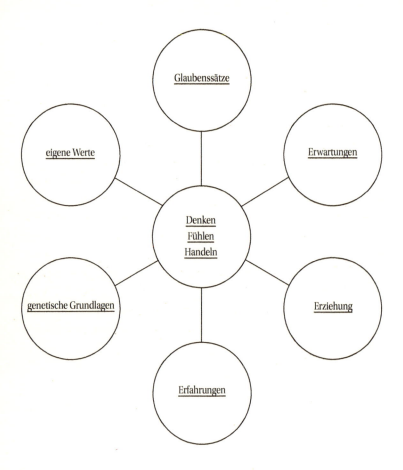

Wir bauen unser Leben auf dem Fundament unserer genetischen Grundlage, unserer Erziehung und unserer Erfahrung. Andererseits haben diese drei uns gebaut, ohne dass wir das sonderlich gemerkt haben. Sie haben dafür gesorgt,
1. dass wir glauben, was wir glauben,
2. dass wir erwarten, was wir erwarten, und
3. dass wir werten, wie wir werten.

Diese drei unbewussten persönlichen Einstellungen bestimmen nicht nur unsere Haltung gegenüber der Welt, sondern zuallererst unsere Haltung gegenüber uns selbst. Wer nicht an sich glaubt, sich negativ bewertet und nur Übles für seine Zukunft erwartet, der denkt schlecht von sich, der fühlt sich schlecht mit sich und der behandelt sich auch schlecht. Dies ist die destruktive, vollautomatische Konsequenz eines mangelhaften seelischen Fundaments, die kleinmacht und auch kleinhält. Aber um in die konstruktive Richtung gegenzusteuern und ein solides Haus mit einem soliden Fundament mitten in der Welt zu bauen, gibt es drei erprobte Wege: die sehr persönliche Reise nach innen, den Weg des intelligenten Analysierens und praktischen Übens in der sozialen Gemeinschaft und den rebellischen Weg des lauten Aufstands. Alle drei zu gehen, wäre optimal, aber für den Anfang reicht einer.

Mit der Gesellschaft zu leben – welche Qual!
Aber außerhalb der Gesellschaft zu leben –
welche Katastrophe.

Oscar Wilde[88]

Öffentlich werden

Es gab da eine sehr junge, sowohl musisch als auch kognitiv hochbegabte Musikerin, die zu den besten der Welt gehörte und von den Besten der Besten unterrichtet wurde. Aber als sie alles konnte, fing sie an zu verzweifeln, denn niemand hatte ihr beigebracht, wie sie mit einem Musikstück eins werden konnte. Wie auch? Mit einer Musik ein seelisch-geistiges Ganzes zu werden, bedeutet so viel mehr als Auswendiglernen, Körperhaltung und Fingerfertigkeit. Hier geht es um das tiefe Verständnis, den vollkommenen Einklang, das rückhaltlose Sich-Einlassen – es geht um eine Liebesbeziehung. Wie sollte das gelehrt werden können? Da hilft nur noch der Rückzug auf die Insel, mitsamt dem Stück und dem Musikinstrument.

Es sind oft diese ganz besonderen und unvergleichlichen Herausforderungen, denen meist nur Hochbegabte begegnen, weil sie sie auch meistern können, und genau dafür haben sie nicht nur ihr mentales Talent, sondern sehr häufig auch eine ganz besondere Feinfühligkeit, mit der sie den Geist eines Musikstücks wahrnehmen, sich von ihm berühren lassen und schließlich mit ihm verschmelzen. Dasselbe gilt für Begegnungen mit dem Wissen und der Weisheit eines Buchautors, wobei Hochbegabte nicht nur seine mentale Brillanz genießen, sondern sich auch lebhaft mit ihm austauschen können, als wären sie in einer leibhaftigen Debatte.

Eines anderen Geistes teilhaftig zu werden, den Gleichklang oder auch das Prickeln der Reibung zu erfahren, gehört zu den wirklich schönen Dingen im Leben eines Hochbegabten. Dies kann in jedem Bereich vorkommen, es muss lediglich den eigenen Interessen entsprechen oder die Neugier wecken. Und wenn es geschieht, begeben sich Hochbegabte gern auf eine mentale Entdeckungsreise, die über ganz außergewöhnliche, nicht vorhersehbare, oft abenteuerliche Pfade führen kann.

Diese wunderschönen, mental geprägten Begegnungen mit dem Geist eines anderen können sie nirgendwo besser und ungestörter ausleben als auf ihrer privaten Insel, die sie, unbelastet von äußeren Störfaktoren, ganz für sich haben – ein Lieblingsspielplatz, wo die Talente Purzelbäume schlagen dürfen.

Runter von der Insel

Fast könnte man von einer Insel der Glückseligkeit reden, würde es nicht ringsherum viel zu oft regnen und würden die Inselgrenzen nicht in tiefen Schatten liegen, sodass die Welt da draußen kaum noch zu sehen ist. Das liegt daran, dass Hochbegabte sich nicht nur freiwillig auf ihre Insel begeben. Oft ist sie ihr Fluchtort, an den sie sich zurückziehen, weil sie sich anders, unerwünscht, diskreditiert fühlen. Dabei sind sie Sozialwesen und haben ein existenzielles Bedürfnis nach anderen Sozialwesen. Wahrscheinlich brauchen sie immer wieder das Alleinsein, aber Einsamkeit wünscht sich kein Hochbegabter. Wie kommt man also von der freudlosen Einsamkeit, die das Leben verdüstert, zum freudvollen Alleinsein?

1. Nicht jammern. Denn Hochbegabte sind viel besser dran als die meisten anderen Menschen.
2. Sich seines Reichtums bewusst werden. Denn genau das, was sie so anders macht – die Qualität des Denkens, die Vorstellungskraft und die Gestaltungsmotivation –, kann nach und nach die Schatten aufhellen, bis sie verschwunden sind. Natürlich braucht es auch Mut und Beharrlichkeit. Vielleicht lassen sich auch nicht alle Probleme lösen und schon gar nicht alle auf einmal, aber Etappensiege sind auch Siege.
3. Auf keinen Fall auf die persönliche Insel der Glückseligkeit ver-

zichten. Sie darf nur kein Dauerzustand werden. Es gibt natürlich die relativ leichte Möglichkeit, andere Inseln anzusteuern, um andere Inselmenschen auf ihren Inseln zu besuchen. Wenn man das will, ist zum Beispiel Mensa[89] ein hervorragender Anlaufpunkt, und damit kann man sicher anfangen. Dennoch, man sollte so frei sein wollen, die anderen 98 Prozent der Gesellschaft als Option zu sehen. Dafür muss man nur zwei Dinge lernen: zum Festland zu schwimmen und dort mit beiden Füßen fest auf dem Boden zu stehen.

Wenn ein Hochbegabter das schon kann, muss er sich an diese Fähigkeit nur noch erinnern:

IQ 139/w: *Ich war letzte Woche zu einer Party eingeladen. Da sich die meisten der 30 Gäste nicht untereinander kannten, hatte die Gastgeberin jedem/r einen Zettel mit einem Rätsel gegeben. Hierauf war ein Hinweis zu einer der unbekannten Personen zu lesen. So kamen alle miteinander ins Gespräch, um ihr jeweiliges Rätsel zu lösen. Ich freute mich wie ein kleines Kind und hatte mein Rätsel als Erste gelöst. Ich stellte mich wieder an meinen Platz zurück und wusste erst mal nicht, was ich tun sollte. Nach einer gewissen Zeit wurde mir klar, dass ich mich ja auch ohne Rätsel unterhalten könnte ...*

Praunheims Paukenschlag

Hochbegabte gehören zu einer Minderheit und leiden oft unter dem anstrengenden und bisweilen zerstörerischen Minderheitenstress, den die goldene Mitte der Gesellschaft überhaupt nicht kennt. Die subtile Stigmatisierung durch die Gesellschaft, der jedes einzelne Mitglied einer Minorität ausgesetzt sein kann, lässt sich zwar kühl als Abwehr und Ausgrenzung beschreiben, hat aber oft leidvolle Auswirkungen, die bis ins Mark treffen.

Wer zu einer diskreditierten Minorität gehört, kann die negative

Identität, die ihm von der Hauptkultur zugewiesen wurde, nämlich voll und ganz übernehmen. Die Betroffenen tun das nicht freiwillig, machen aber so viele Erfahrungen mit negativen Reaktionen ihrer Mitmenschen, dass sie im Laufe der Zeit schließlich selber glauben, zu den Aussätzigen, Aliens und zu Recht Isolierten zu gehören, als wäre dies eine unverrückbare, unleugbare Tatsache und nicht nur die irrationale Vorstellung einer Mehrheit. »Vielfach tauchen die kulturellen Konflikte erst im Jugendalter auf, weil dann die Identitätsformung bewusst in Angriff genommen wird«,[90] bestätigen die Psychologen unsere These, dass sowohl die Marburger Studie über die Persönlichkeitsmerkmale hochbegabter Kinder als auch die Bochumer Studie über die Persönlichkeitsmerkmale hochbegabter Erwachsener in ihrer Gegensätzlichkeit recht haben könnten.

Der Tatsache, zu einer Minderheit zu gehören, lässt sich sehr unterschiedlich begegnen. Schwule und Lesben haben zwar einen ähnlichen Minderheitenstress wie Hochbegabte, begegnen ihm aber seit fast 50 Jahren mit zunehmendem Selbstbewusstsein. Türöffner war 1971 der schwule Filmemacher Rosa von Praunheim. Im Zuge der 68er-Bewegung lief am 3. Juli 1971 im Rahmen der Berlinale seine Dokumentation *Nicht der Schwule ist pervers, sondern die Situation, in der er lebt.* Der Film war ein Schocker. Nicht nur für das brave Publikum, sondern vor allem für die Schwulen selbst. »Die Schwulen waren entsetzt«, erinnert sich der Filmemacher, »weil sie nicht wie erwartet mit Samthandschuhen angefasst, sondern von mir wegen ihrer Passivität, Feigheit und unpolitischen Haltung laut beschimpft wurden.«[91]

Es ist, als wären sie vorher die leibhaftigen Darsteller der »Disziplin« aus Kants *Traktat über Pädagogik* gewesen: »Wildheit ist die Unabhängigkeit von Gesetzen. Disziplin unterwirft den Menschen den Gesetzen der Menschheit und fängt an, ihn den Zwang der Gesetze fühlen zu lassen. Dieses muss aber früh geschehen. So schickt man Kinder anfangs in die Schule, nicht schon in der Absicht, damit sie dort etwas lernen sollen, sondern damit sie sich daran gewöhnen mögen, still zu sitzen und pünktlich das zu beobachten, was ihnen vorgeschrieben wird, damit sie nicht in Zukunft jeden ihrer Einfälle wirklich auch und augenblicklich in Ausübung bringen mögen.«[92] Aber dann kam Praunheims Paukenschlag und rüttelte die braven Schläfer wach.

Einer der Kommentare, die Rosa von Praunheim für den Stummfilm mit dem habilitierten Berliner Sexualwissenschaftler Martin Dannecker geschrieben hatte, war folgender: »Schwule wollen nicht schwul sein, sondern sie wollen so spießig sein und kitschig sein wie der Durchschnittsbürger. (...) Da die Schwulen vom Spießer als krank und minderwertig verachtet werden, versuchen sie, noch spießiger zu werden, um ihr Schuldgefühl abzutragen mit einem Übermaß an bürgerlichen Tugenden. Ihre politische Passivität und ihr konservatives Verhalten sind der Dank dafür, dass sie nicht totgeschlagen werden.«[93]

»Das Fernsehen verbot den Film zuerst«, berichtet der Regisseur, »und sendete ihn erst zwei Jahre später. Inzwischen hatten wir nach den ersten Kinoaufführungen des Films über 50 Schwulengruppen in Berlin und Westdeutschland gegründet. Das war der Beginn der modernen Schwulenbewegung in Deutschland«[94] – und der Beginn so vieler mutiger Outings vom umschwärmten Fußballidol bis zum angesehenen Politiker.

Die Schwulen formierten sich also. Heute haben sie, generell gesehen, ein Selbstbewusstsein, das man hochbegabten Menschen nur wünschen kann. Und sie sind nur deshalb so stark geworden, weil sie sich politisch zusammengeschlossen haben. Jahrzehntelang haben sie sich konsequent um ihr Selbstbewusstsein als besondere Menschen gekümmert und um die Selbstverständlichkeit sich selbst gegenüber. Und zunehmend haben sie gesellschaftliche Akzeptanz geerntet, weil sie einfach immer da waren, unübersehbar, unüberhörbar, zu Recht.

Was Hochbegabung betrifft, ist ein solcher Paukenschlag bisher ausgeblieben. Selbst Mensa, der 1946 in London gegründete, weltweite Verein für hochbegabte Menschen mit seinen »120 000 Mitgliedern aus allen Alters- und Bevölkerungsgruppen, davon über

13 000 in Deutschland«[95], beschränkt sich auf das Inselleben und hat lediglich zum Ziel, »hochintelligente Menschen zu vernetzen – über lokale, überregionale und internationale Treffen, Interessen- und Diskussionsgruppen«.[96] Dies auf die Beine gestellt zu haben, ist schon eine großartige Leistung. Aber darüber hinaus müsste sich der Radius der hochbegabten Minderheit mithilfe politischer Power bis hinein in die goldene Mitte der normalen Menschheit ausdehnen, weil sonst auch weiterhin zu viele Hochbegabte um das Menschsein-Dürfen kämpfen müssen. Und zwar jeder für sich.

Solange das so bleibt, werden Hochbegabte ähnliche Schwierigkeiten haben wie Schwule in der Vergangenheit. Was genau da passiert und in der Selbstablehnung endet, hat Ilan Meyer, Sozialmediziner von der Columbia University Mailman School of Public Health in New York 2003 für die Schwulen analysiert.[97]

Hier sind Meyers vier Prozesse, bei denen wir den Faktor der Homosexualität durch die Hochbegabung ersetzt haben:

1. Erleben von Vorurteilsereignissen,
2. Erwartungen oder Befürchtungen von Ablehnung und Diskriminierung (z. B. in der Nachbarschaft, am Arbeitsplatz),
3. Verbergen/Offenbaren der zu hohen Intelligenz,
4. Verinnerlichung der Abwertung zu hoher Intelligenz.[98]

Meyer nimmt an, dass Minderheitenstress einzigartig ist. Dies bedeutet, dass er sich zu allen Stressoren, an denen Menschen sowieso schon leiden können, hinzugesellt. Für die Hochbegabten heißt das nicht nur, oft stigmatisiert zu werden und in der Angst vor neuer Stigmatisierung zu leben. Zusätzlich heißt es, sich ständig Mühe geben zu müssen, mit der übermäßigen Intelligenz nicht unangenehm aufzufallen und sich bestmöglich an die soziale Umgebung anzupassen.

Der Minderheitenstress führt nach Meyer zu chronischem gesellschaftlichem Stress. Da die Intelligenz kein unbedeutendes Detail hochbegabter Menschen ist, sondern sie wesentlich ausmacht, kann die Ablehnung – auch die unwissentliche, unbewusste und indirekte

Ablehnung – ihrer Gabe unweigerlich zu Selbstabwertung, mangelndem Selbstbewusstsein und Selbsthass führen, sodass manch ein Hochbegabter am liebsten Reißaus vor sich selber nehmen würde. Das heißt, auf die Ablehnung von außen kann die Ablehnung von innen folgen. Aber das hat jeder Hochbegabte selbst getan, und sei es noch so unfreiwillig. Wer sich aber einmal selbst diskriminiert hat, hat sich damit sozial und seelisch in eine dunkle Ecke manövriert. Und wenn er nichts dagegen tut, bleibt er da auch.

Um die hausgemachte Dunkelheit zu vertreiben, eignen sich die Angebote von Mensa hervorragend, weil dort schließlich alle zur Minderheit gehören, sodass man tatsächlich den Luxus genießen kann, ein Bad in der Menge zu nehmen, ohne Angst vor Diskreditierung haben zu müssen. Eine eigene unpolitische Community zu haben, ist ein Segen, weil es das Selbstbewusstsein allein durch das Gefühl der Zugehörigkeit stärkt. Und dabei ist es ganz egal, ob es sich um einen bunt gemischten Mensa-Stammtisch handelt oder einen Circle mit Special Interest.

Zusätzlich eine eigene politische Community zu haben, wäre aber für die persönliche und gesellschaftliche Situation von Hochbegabten ein Quantensprung. Staatswissenschaftlerin Anne Bachmann kommt aufgrund der Ergebnisse ihrer Studie, die sie 2011 an der Kieler Christian-Albrechts-Universität mit über 1 000 Schwulen machte, zu folgendem Ergebnis: »Wenn schwule Männer ihre Communitys als potenzielle politische Akteure wahrnehmen, die öffentlich für gemeinsame Interessen auftreten und handeln können, dann sehen sie sich als durch die Gesellschaft gleichberechtigter behandelt, fühlen sich gesellschaftlich anerkannter und respektierter und sind weniger besorgt um die zukünftige Stellung homosexueller Menschen in der Gesellschaft.«[99]

Ilan Meyer hat mit seiner Studie allerdings auch gezeigt, wie wichtig die Verwandlung der eigenen negativen Einstellung ist. Die Schwulen, die eine positive Einstellung zu sich und ihrer Sexualität hatten, erlebten nämlich auch eine positive Einstellung der Außenwelt. Und je positiver die Schwulen ihre Sexualität sahen, desto mehr wurden sie von den anderen akzeptiert. Höheres Selbstwertgefühl erzeugte Aufwertung durch das Umfeld, höhere Selbstakzeptanz führte zu höherer Akzeptanz durch die Umwelt. Für Anne Bachmann ist klar, dass »die soziale Umwelt tatsächlich jemanden, der sich selbst akzeptiert, wie er ist, eher akzeptiert als jemanden, der sich selbst weniger akzeptiert«.[100]

Wesentlich ist dafür das Outing. Je länger es her ist, desto mehr nehmen die destruktiven Strategien der Stressbewältigung ab: das Versteckspiel, das Ignorieren, das wiederkäuende Grübeln über das eigene Unglück. Zahlreiche Wissenschaftler haben in der Vergangenheit bestätigt, dass der offene Umgang mit der eigenen sexuellen Orientierung die mit Abstand günstigste Strategie ist.[101]

Dagegen senken Grübelei und Flucht die allgemeine Lebenszufriedenheit, die wahrgenommene Gleichberechtigung und die empfundene gesellschaftliche Wertschätzung.[102]

Es gilt: »Je offener die schwulen Männer mit ihrer sexuellen Identität umgehen und je mehr sie diese in ihren Alltag integrieren, desto zufriedener sind sie im Allgemeinen mit ihrem Leben.«[103] »Insgesamt hat sich gezeigt, dass je (pro-)aktiver und konstruktiver sich die schwulen Männer mit der erlebten und/oder erwarteten Diskriminierung auseinandersetzen, desto allgemein zufriedener sind sie mit ihrem Leben und desto respektierter und anerkannter fühlen sie sich in der Gesellschaft.«[104]

Wir sehen keinen Grund, warum das bei Hochbegabten anders sein sollte. Unter diesem Blickwinkel geht es auch gar nicht mehr um eine Kampfansage oder gar einen Sturm auf die Bastille. Es geht darum, sich selber »richtig« zu finden. Und es geht darum, gesellschaftliche Stigmatisierung einfach zu akzeptieren! Weder gut noch schlecht zu finden, sondern zu akzeptieren, dass es ist, wie es ist, bis man es völlig normal findet. Was man normal findet, stresst nämlich nicht mehr. Das »Richtige« und das »Normale« zu integrieren, wirkt deshalb wahre Wunder.

Je mehr jedenfalls die schwulen Befragungsteilnehmer das gesellschaftliche sexuelle Stigma verinnerlicht hatten und auf sich selbst und ihre Gruppe übertrugen, desto weniger berichteten sie über erlebte Diskriminierung und desto weniger waren sie emotional durch die Diskriminierung betroffen.

Allerdings muss auch das gesagt werden: »Trotz vieler Fortschritte in den vergangenen Jahren zur Verbesserung der Lebenssituationen von Menschen, die sexuellen Minderheiten angehören, wurde deutlich, dass öffentliche Antidiskriminierungsmaßnahmen weiterhin notwendig sind.«[105]

Nach all ihren politischen Aktivitäten haben es die Schwulen, verglichen mit den Hochbegabten, immerhin so weit gebracht, dass sie von der Antidiskriminierungsstelle des Bundes als schützenswerte Minderheit anerkannt sind. Dabei richtet sich die Antidiskriminierungsstelle strikt nach dem Allgemeinen Gleichbehandlungsgesetz (AGG), das am 18. August 2006 in Kraft getreten ist. Dieses »hat zum Ziel, Benachteiligungen aus Gründen der Rasse oder wegen der ethnischen Herkunft, des Geschlechts, der Religion oder Weltanschauung, einer Behinderung, des Alters oder der sexuellen Identität zu verhindern oder zu beseitigen. Schwerpunkt ist der Schutz vor Diskriminierung in Beschäftigung und Beruf«.[106] Dass auch eine sehr hohe Intelligenz dazu gehört, wurde bisher übersehen, weil die Hochbegabten zu unsichtbar geblieben sind.

> *Es ist nicht genug zu wissen,*
> *man muss auch anwenden.*
> *Es ist nicht genug zu wollen,*
> *man muss auch tun.*
>
> Johann Wolfgang von Goethe[107]

Mitmenschlich werden

»*Ich wünschte, ich könnte mein Verhalten gegenüber den Normalos steuern, ich versuche es und vielleicht lerne ich es ja noch, aber ich habe erhebliche Zweifel, dass das klappt. Die genetische Disposition wird mir einen Strich durch die Rechnung machen*«, klagt IQ 143/m, aber Gottseidank ist er mit dieser Einschätzung auf dem falschen Dampfer, denn die Gene sind wirklich nur die halbe Miete.

Alles beginnt immer bei einem selber. Auch die Mitmenschlichkeit. Hier geht es nicht um die soziale Kompetenz, denn die können Hochbegabte, wenn sie sich mit jemandem wohl fühlen, sehr gut und wissen das auch. »*Ich verstehe die Probleme anderer Menschen ziemlich leicht und schnell und kann sie gut analysieren. Deshalb werde ich bei persönlichen Dingen oft um Rat gefragt*«, sagt etwa IQ 137/w. Und Männer beherrschen diesen Sektor genauso gut – zum Beispiel IQ 134/m: »*Für andere setze ich mich sehr ein. Ich nehme an, das liegt daran, dass ich ein starkes Bewusstsein für Recht und Unrecht habe. Ich überdenke dabei auch die Konsequenzen für andere, an mich selbst denke ich dabei weniger. Dieses Engagement ist eher selbstlos.*«

Eher selbstlos. Das ist der wunde Punkt. Wer als Mitmensch mitmenschliche Erfahrungen machen möchte, muss erst mal einer werden. Das heißt, er muss damit anfangen, sich selbst ein Mitmensch zu sein. Er muss sich selber kennenlernen wollen. Er muss wissen wollen, warum er sich in welcher Situationen so verhält und nicht anders. Die resignierten Aussagen Hochbegabter – »Es ist nun mal so, und ich kann das nicht anders« – stehen in krassem Widerspruch zu ihrem kognitiven Talent. Es kann nämlich durchaus ganz anders sein, und sie könnten es tatsächlich, wenn sie sich mehr mit sich selbst beschäftigen würden. Dafür haben sie ihre Beobachtungsgabe und ihre Analysefähigkeit mitbekommen. Um ein Mitmensch unter Mitmenschen zu werden, lassen sich beide Fähigkeiten nutzen, wenn sie nicht nur auf das Gegenüber gerichtet werden, sondern auch auf das eigene Verhalten und die eigene Haltung. Deshalb wollen wir uns jetzt mit einigen Verhaltensproblemen beschäftigen, die für Hochbegabte typisch sind, sich aber alle mit ein wenig Aufmerksamkeit und Ehrlichkeit sich selbst gegenüber regulieren lassen.

Unsere Vorschläge ruhen auf zwei Säulen. Die eine heißt Anpassung, die andere Gebrauch der eigenen Intelligenz, und beides zusammen wird von Erfolg gekrönt sein. Wir schlagen natürlich keine generelle Anpassung vor, sondern eine punktuelle, situative, kluge und konzipierte, strategische Anpassung, die niemanden zwingt, sich zu verbiegen, sondern die ein intelligentes Individuum als Herr der analysierten Lage frei gewählt hat. Zum eigenen Nutzen und zu dem der anderen. Alle Vorschläge sind für die Arbeitswelt geschrieben, lassen sich aber mühelos auf persönliche Beziehungen übertragen.

Reden und Schweigen

Ob man mit seinen kritischen Fragen mentalen Gewinn oder seelischen Verlust macht, hängt ganz davon ab, wie viel ein Gegenüber verträgt. Wer, nur um für sich selber Klarheit zu gewinnen, zu viel fragt und zu tief bohrt, kann sich mitunter auf etwas gefasst machen. Denn wenn sich ein anderer in die Ecke gedrängt fühlt, sind Unmut, Ärger, Groll die Antwort. Aus dem Groll erwächst die Abwehr. Und die Abwehr bedeutet immer Nein.

Wenn der Frager Glück hat, bezieht sich dieses Nein nur auf das aktuelle Thema und das aktuelle Gespräch. Vielleicht hat sein Gegenüber ja wirklich keine Zeit mehr. Und vielleicht ist er wirklich nur in diesem Moment genervt, weil er Kopfschmerzen hat. Meistens hat der Frager dieses Glück aber nicht. Während es ihm nämlich nur um die Vertiefung eines Themas und die Lösung eines Problems geht, übersieht er oft die Grenzen des Zumutbaren. Im Eifer des Gefechts kommt der Respekt vor dem Gegenüber zum Erliegen.

Respekt – vom lateinischen »respicere« – heißt nichts anderes als berücksichtigen und beachten, und zwar in erster Linie den Gesprächspartner. Wer mit seinem Zuviel an Fragen die kognitiven Grenzen seines Gesprächspartners ankratzt oder gar gemachte Fehler aufdeckt, kann sich darauf gefasst machen, dass dies als persönlicher Angriff gewertet wird, und zwar auf die gesamte Person, die sich als Ganzes, mit all ihren Eigenschaften und Qualitäten, abgewertet und auf Defizite reduziert fühlt.

Wer das System, das sein Gesprächspartner vertritt und mit dem er sich identifiziert, zu stark hinterfragt, hat noch schlechtere Karten. Eine einzige Frage kann in diesem Zusammenhang schon eine zu viel sein. Denn wenn es ganz schlecht läuft, fühlt sich die vermeintlich angegriffene Person nicht nur selber diskreditiert, sondern ihr gesamtes System, das ihr Zuhause ist, und sei es ein ganzes Unternehmen. Ein Unternehmen ist für viele ein Identifikationssystem. Deshalb müssen vermeintliche Angriffe sofort und unbedingt abgewehrt werden, und deshalb wird dem intellektuellen Aggressor die Stirn geboten. Zurückweisung auf der persönlichen Ebene folgt dann auf dem Fuß. Innerhalb eines betrieblichen Systems kann das in Mobbing, Abmahnung oder sogar Kündigung münden.

Was soll man machen, wenn man einen empfindlichen Vorgesetzten hat, der auf der Hierarchie besteht? Wenn man Kollegen hat, die ihre Würde von ihrer Position abhängig machen? Entweder man passt sich ihren Bedürfnissen an und beißt sich wenigstens hin und wieder auf die Zunge oder man passt sich an das eigene Bedürfnis an und versucht, durch Gespräche einen entdeckten Systemfehler behutsam zu beheben.

Systemfehler liegen ja auf einer rein sachlichen Ebene. Sie sind hinderlich und müssen beseitigt werden, um ein Konzept, einen Arbeitsprozess oder was auch immer in Fluss zu bringen und damit auch die Leistungsfähigkeit einer Firma zu steigern. Im Falle eines Vorgesetzten geht es aber gerade darum nicht. Es geht um die Wahrung von Grenzen und gesetzten Positionen. Es geht um seinen Wert, seine Würde und seine Ehre, die abhängig von der Wahrung seiner Position sind. Mit seinem Sachverstand hat das nichts zu tun, aber es gibt in Firmen immer wieder jemanden, der auch ohne Sachverstand das Sagen hat. Wenn er dann jemandem wie IQ 132/w über den Weg liefe, müsste er sofort in Verteidigungshaltung gehen und würde sich früher oder später rächen.

IQ 132/w: *Ich kann Besserwisser, die keine Ahnung haben, nicht ausstehen. Wenn sie so selbstsicher und selbstverständlich über etwas reden und sich ihre Meinung dazu schon gebildet haben, obwohl ihnen das grundlegende Wissen fehlt, kann ich mich manchmal kaum beherrschen. Gegen solche Leute bin ich einfach allergisch.*

Welcher Hochbegabte kennt solche Situationen nicht? Und wie verhält man sich optimal? Es scheint sich um ein klassisches Dilemma zu handeln: Wie man's macht, macht man's verkehrt. Man kann es auch drehen und wenden, wie man will, ein Hochbegabter muss sich, wenn es die Situation erfordert, zu einer Entscheidung durchringen. Wer ist wichtiger? Mein Chef oder ich?

Firmen sind nun mal hierarchisch strukturiert. Die Hierarchie sorgt für Ordnung des Ganzen und Positionierung des Einzelnen. Wenn die Hierarchie nicht respektiert wird, ist sie bedroht. Deshalb muss sich an die Spielregeln halten, wer im System bleiben will. IQ 136/m hat sich nur zum Teil daran gehalten.

IQ 136/m: *Grundsätzlich bin ich für Gespräche auf Augenhöhe, auch in der Firma. Mir ist klar, dass ich damit die Regeln der Hierarchie ignoriere. Ich mache das nicht unbedingt absichtlich, aber ich stehe schließlich Menschen gegenüber. Blöd gelaufen, wenn Chefs das anders sehen.*

Dies ist eine Kommunikation des Respekts vor dem Gesprächspartner, aber sie respektiert die Spielregeln nicht. Denn der Respekt vor dem Menschen steht in den meisten Firmen unter dem zu zollenden Respekt vor der Position des Gegenübers. Wer diese Spielregeln nicht einhält, fliegt früher oder später raus. Die Spielregeln sehen auch vor, dass Frieden herrscht – zumindest an der Oberfläche. Mit Hochbegabten ist das manchmal schwierig, weil ihnen eine Sache so wichtig sein kann, dass sie die Spielregeln ignorieren. Dann kann es Frontalzusammenstöße geben, weil Hochbegabte zu viel denken, fragen, reden und diskutieren wollen, bis der Fall gelöst ist, und zu wenig über denjenigen nachdenken, mit dem sie sich eigentlich doch austauschen wollten. Das ist das Problem von IQ 134/m.

IQ 134/m: *Ich denke zu vielschichtig, ich assoziiere zu schnell und ich sehe zu viele Details. Das ist einfach so. Ich kann weder das Vorausdenken noch das Weiterdenken abschalten und das wäre eigentlich auch kein Problem, wären da nicht immer wieder andere, die glauben, ich wollte sie damit kontrollieren. Das will ich aber gar nicht. Dieses Missverständnis frustriert mich total. Das andere Problem ist, dass sie mich einfach nicht verstehen. Sie bevorzugen schlichte Lösungen, die in Wirklichkeit gar keine Lösungen sind.*

Wenn ein solches Problem zum Dauerthema wird, weil die situative Analyse nicht zurate gezogen wird, helfen vermutlich nur noch ein weiteres »thinking out of the box« und ein mutiger Sprung in die Selbstständigkeit. Doch dazu später.

Geschwindigkeit

Zeigen Sie Ihrem Chef und den Kollegen nicht immer, wie schnell Sie Aufgaben bewältigen. Sie könnten damit unangenehm auffallen. Was für Sie selbstverständlich und völlig normal ist, könnte bei anderen Verständnislosigkeit, Befremdung und Neid hervorrufen, als angeberische Demonstration gewertet werden und sich entsprechend im Verhalten niederschlagen. Denken Sie einmal in Ruhe darüber nach, bei welchem Projekt es überhaupt in Ihrem eigenen Interesse sein kann, Ihre Geschwindigkeit zu offenbaren.

Beobachten Sie, wie viel Arbeit Ihre Kollegen in welcher Zeit schaffen, und passen Sie sich an deren Geschwindigkeit an. Scheinbar. Wenn Sie das durchschnittliche Maß nämlich herausgefunden haben, wissen Sie, wie viel Zeit für Ihre eigenen Interessen übrig bleibt. Mit Betrug hat das nichts zu tun, Sie arbeiten ja nicht weniger oder langsamer als die anderen, sondern genauso viel und genauso schnell, ohne dass Sie dem System schaden.

Experimentieren Sie, ob Sie Ihre Auszeiten besser nach getaner Tat nehmen oder immer wieder zwischendurch. Das hängt natürlich sehr von Ihrem Beruf ab. Aber als Deutschlehrer der Sekundarstufe 2 müssen Sie wirklich nicht 20 Aufsätze an einem Wochenende korrigieren. Sie können auch drei Aufsätze pro Woche in Angriff nehmen, sich jede Woche für jedes Ihrer kleinen Etappenziele loben und sind damit nicht langsamer als Kollege X oder Y und vor allem auch nicht schneller als das gesamte Kollegium.

Im Großraumbüro mit einem Chef hinter Glas sieht die Sache anders aus, aber auch hier gibt es Möglichkeiten. Überlegen Sie, ob Sie zwischendurch immer mal undercover arbeiten können. Und natürlich lassen sich manche Arbeiten tatsächlich nicht unterbrechen; behalten Sie die Option auf Unterbrechung jedoch im Hinterkopf, dann werden Sie sie auch finden.

Erlauben Sie sich auf jeden Fall diese Auszeiten, in denen Sie sich mit Inhalten beschäftigen, die Sie persönlich als sinnvoll ansehen. Vor allem wenn Sie schon daran verzweifeln, dass Sie gerade keine spannendere Aufgabe in Angriff nehmen können, schafft das einen inneren Freiraum. Diesen Freiraum können Sie positiv gestalten, indem Sie sich – undercover – für ein spannendes Projekt engagieren oder in berufsnahen oder -fernen Bereichen fortbilden. Für die innere Regulation geben Ihnen diese Inhalte dann so viel neue Kraft, dass Sie Ihren Arbeitsverpflichtungen leichter nachkommen können, weil Sie ausgeglichener sind. Aber vielleicht geben Sie Ihnen auch so viel Klarheit, dass Sie zu neuen Ufern streben, wer weiß.

Nehmen Sie sich also das Recht, in Arbeiten, die mit denen Ihrer Kollegen vergleichbar sind, genauso viel Zeit zu investieren, wie Ihre Kollegen benötigen. Dass Sie dieses Recht haben, ist vielleicht ein Punkt, den Sie sich jeden Tag aufs Neue ins Bewusstsein rufen müssen. Denn dass niemand mit der Peitsche hinter Ihnen steht und auch nicht stehen darf, nicht einmal Sie selber, ist wahrscheinlich die wichtigste Erkenntnis, die Sie brauchen, um Ihr Arbeitsleben zu entspannen. Machen Sie sich bewusst, dass Sie nicht nur das Recht dazu haben. Sie haben auch die Pflicht, so zu arbeiten, dass Sie zunächst Ihre Kraftreserven klug überdenken und dann genauso klug damit haushalten, anstatt sich selbst auszubeuten.

Und zaubern Sie sich dann ein Lächeln in Ihr Gesicht. Auf so viel Selbsterkenntnis, die Sie Schritt für Schritt in die Tat umsetzen, können Sie nämlich stolz sein.

Und wenn das gar nicht klappen will, betrachten Sie Ihr Verhältnis zu Ihrer Arbeit kritisch. Wenn Sie sich zu oft langweilen und Fluchtgefühle hegen, sind Sie vielleicht am falschen Platz.

Geduld

Es kann extrem frustrierend sein, wenn Sie für ein allgemein bekanntes Problem im Unternehmen eine gute Lösung entwickelt haben, aber die Umsetzung am Unverständnis der Chefs oder der Kollegen scheitert. Wenn Sie also Ihrem Chef, Ihren Kollegen oder fremden Menschen Ihre neuen Ideen zu einem komplexen Projekt oder Thema vorstellen wollen oder sollen, sollten Sie vorab noch eine andere Aufgabe erfüllt haben.

Werden Sie ein guter Lehrer, ohne es andere fühlen zu lassen.

Fragen Sie sich, ob Ihre Gesprächspartner für das Verständnis einer Sache nicht doppelt so viele Worte, Sätze, Erklärungen brauchen wie Sie selber. Denn was das Verständnis angeht, liegt die Würze oft gerade nicht in der Kürze. Um Verständnis zu erreichen, Zustimmung zu bekommen und nach Möglichkeit auch ein Lob zu ernten, muss zunächst die Basis geschaffen werden. Vielleicht nehmen Sie sich dafür die Spanier oder die Italiener zum Vorbild, die spielerisch denselben Inhalt in den verschiedensten Wortvarianten wiederholen, bis sie sicher sind, dass ihre Botschaft beim Empfänger angekommen ist.

Dozieren Sie nicht! Holen Sie die anderen ins Boot, indem Sie ihr Zuhören aktivieren. Bauen Sie Fragen ein und warten Sie auf die Antworten. Diese brauchen Sie nämlich unbedingt, damit Ihnen klar wird, ob Sie fortfahren können, weil bisher alles verstanden wurde.

Seien Sie also geduldig mit anderen. Deren Wertschätzung für Sie wird auf jeden Fall steigen, und die Chancen auf einen positiven Verlauf Ihres Projekts erhöhen sich enorm, wenn Sie Ihre Vorgesetzten und Kollegen von Ihren Ideen überzeugen können, weil sie sie verstanden haben. Aber seien Sie auch geduldig mit sich selbst, wenn Sie Ihre Geduld mit anderen noch üben müssen. Und sollten Sie ganz neu irgendwo anfangen, verfahren Sie genauso, bis Sie Ihr Umfeld kennen. Vorsicht ist die Mutter der Porzellankiste, und langsamer kommen Sie schneller zum Ziel!

Perspektivenwechsel

In manchen Fällen ist es wichtig zu versuchen, die möglichen Konsequenzen neuer Ideen auch aus der Perspektive anderer Menschen durchzuspielen. IQ 136/m hatte die Idee, die Effektivität der Kundenberatung seines Unternehmens zu untersuchen, um aufzuzeigen, welche Beratungsbereiche beim Kunden Zufriedenheit erzeugen und welche nicht. Er gab sich große Mühe, diese Zusammenhänge anhand vieler Daten aufzuzeigen, und konnte gut darstellen, welche Bereiche welche Effekte hatten.

Allerdings dachte er nicht daran, seine Analyse auch noch von der betriebswirtschaftlichen Seite her einzuschätzen. Die negative Konsequenz war, dass die Chefetage aus den Daten ihre eigenen Schlüsse zog und die Bereiche, die sich als nicht effektiv erwiesen hatten, kurzerhand für überflüssig erklärte und wegrationalisierte. Abteilungen wurden geschlossen, Kollegen versetzt oder entlassen, die Servicequalität verschlechterte sich abrupt. Die Arbeit, die er sich zum höheren Wohl der Kunden gemacht hatte, wurde missbraucht, um Geld zu sparen. Er fühlte sich verraten und verließ das Unternehmen. Was er mit einem idealistischen Ziel begonnen hatte, wurde ausgeschlachtet, richtete sich gegen die Kunden, gegen die Kollegen, gegen ihn selbst.

Ein Schuss, der nach hinten losging, könnte man meinen. Stellt man sich aber die Frage, wozu dieser Schuss gut war, wird klar, dass er mit seiner Art zu denken eindeutig in der falschen Firma arbeitete. Diese Klarheit ist hart, aber erstens hilfreich für die Selbsterkenntnis und zweitens die Voraussetzung, sehr bewusst nach einer passenderen Firma Ausschau zu halten.

Anspruchshaltung

Der hohe Anspruch, den Hochbegabte an sich selber haben, sieht nur von außen elitär aus. Für sie selber ist er völlig selbstverständlich und das Normalste von der Welt, jedenfalls was ihre Talent- und Interessensbereiche betrifft. Solange sie Kammermusik betreiben, ist das auch überhaupt kein Problem, aber sobald sie es mit den Orchestermitgliedern der Außenwelt zu tun bekommen und ein Stück mit ihnen zusammen spielen wollen, kann die Anspruchshaltung zum größten Problem überhaupt werden. Und zwar in mehrfacher Hinsicht:
Problem Nr.1: Die subjektive Anspruchshaltung kann auf den Gesprächspartner übertragen werden.
Problem Nr. 2: Diese Übertragung geschieht normalerweise unbewusst und wird deshalb vom Hochbegabten nicht bemerkt.

Problem Nr. 3: Der Gesprächspartner ist zwangsläufig überfordert. Damit endet das Gespräch, bevor es überhaupt richtig angefangen hat.

Die innere Haltung und die äußere Realität sind kein selbstverständliches Paar. Sie müssen sich zusammenraufen, weil sie nicht von vornherein zusammengehören. Wenn sie aufeinanderprallen, weil sie konträr sind, geschieht etwas, das durchaus mit dem frontalen Zusammenstoß zweier Autos verglichen werden kann. Wenn die Anspruchshaltung eines Hochbegabten, die für ihn völlig normal ist, von außen und verglichen mit anderen als hoch oder extrem hoch eingestuft wird, ist das Scheitern vorprogrammiert. Denn weil die anderen oft gar nicht das Wissen haben, um auf dem unbewusst geforderten Niveau sofort mitreden zu können, bleibt der Hochbegabte allein auf seiner Insel, fühlt sich unverstanden, fremd und wieder einmal einsam.

Der intelligente Umgang mit dem hohen Anspruch setzt voraus, dass der Hochbegabte erst einmal versteht, welchen Fehler er gemacht hat. Er hat den Respekt vor dem Menschen vergessen. Er hat nicht genau hingeschaut, wer ihm gegenübersteht, dabei hätte gerade das ihn interessieren sollen. Er hat zu vieles vorausgesetzt, was für sein Gegenüber Neuland ist. Und zwar viel zu viel Neuland auf einmal.

Wenn ein Hochbegabter seine Intelligenz nur für seine Lieblingsgebiete einsetzt, aber nicht für die Kommunikation, die er darüber haben möchte, hat er sich eindeutig dumm verhalten. Fundierte Gespräche kann er vielleicht mit dem einen oder anderen Experten führen, die er suchen und finden sollte. Aber mit einem Laien darüber zu reden, erfordert menschliches Einfühlungsvermögen. Fangen Sie mit einem einzigen kleinen Punkt aus dem ganzen großen Themenfeld an und warten Sie ab, ob sich Interesse zeigt. Wenn ja, reiten Sie nicht gleich drauf rum. Erwähnen Sie den einen kleinen Punkt bei Gelegenheit wieder einmal und bauen Sie ihn ein bisschen aus.

Das Einsamkeitsgefühl vieler Hochbegabter geht oft mit dem Scheitern an dieser eigenen elitären Anspruchshaltung einher, die sie bewusst oder unbewusst auch von einem anderen verlangen. Aber wer sich so eng macht, muss sich nicht wundern, dass die anderen ihn in seiner selbst gewählten Enge bestätigen, indem sie sich zurückziehen und ihn auf seiner Insel in Ruhe lassen. Dabei macht es Spaß, in die vermeintlichen Niederungen des Lebens einzutauchen und völlig neue Dinge auszuprobieren. Man kann diesem Projekt sogar einen spannenden Namen geben: *Experiment Leben*. Und man muss noch nicht mal alleine experimentieren, sondern kann das zusammen mit anderen tun, die auch gerade ganz neugierig genau dasselbe ausprobieren wollen.

Zum Beispiel Kochen. Überall werden so viele Kochkurse angeboten, dass man fast die Qual der Wahl hat. Vom Brotbacken über vegane Kochkünste bis hin zum Ayurveda-Kochen, bei dem man auch noch den philosophischen Überbau für Anfänger mitgeliefert bekommt, sodass man sogar beim Kochen noch Stoff zum Nachdenken, Fragen und Reden hat, vielleicht eine ganz neue Art von Weltsicht kennenlernt und nette Leute, die sich für dasselbe Thema erwärmen.

Zum Beispiel Tanzen. Mentalarbeiter bewegen sich meistens zu wenig, und allein die Vernunft rät schon dazu, auf dem sportlichen Sektor etwas mehr zu tun als bisher. Tanzen ist aber mehr als nur Bewegung. Es ist nicht intellektuell. Deshalb schafft es einen hervorragenden Ausgleich zu der intellektuellen Einseitigkeit, in die Hochbegabte sich mitunter verrennen. Und es ist sozial, weil es alle gleich macht. Jeder, der zum Tanzkurs kommt, ist ein Schüler, der etwas Bestimmtes lernen will. Jedem fehlt das Wissen. Jedem fehlt die Übung. Jeder macht Fehler. So viel Gleichheit ohne hohen Anspruch kann entspannen, wenn man gleichzeitig konsequent übt, sich und seine Fehler nicht so ernst zu nehmen und dem Thron des hohen Anspruchs für eine Weile den Rücken zu kehren.

Analyse

Eine neue Idee kann nicht nur an Verständnislosigkeit scheitern oder an einer nicht bedachten Perspektive wie in unserem vorangegangenen Beispiel, sondern genauso gut auch durch Eitelkeit oder Minderwertigkeitsgefühle Ihres Chefs, der sich in seiner hierarchischen Position bedroht fühlt, etwa weil er nicht selbst auf die Idee gekommen ist. Werden Sie deshalb ein guter Psychologe. Tasten Sie sich vorsichtig heran und wittern Sie schon im Vorfeld die Grenzen des Machbaren. Sie liegen dort, wo für Ihren Chef die Grenze des Zumutbaren liegt, weil er sich nicht nur bloßgestellt fühlt, sondern auch unterlegen. Es gibt viele Menschen in Chefposition, die sich für eine vermeintliche Schmach rächen. Deshalb wird Ihr Vorschlag auf die eine oder andere Art abgelehnt werden oder im Sande verlaufen. Oder er wird notgedrungen angenommen, aber nach einer Weile merken Sie, dass sie selbst im Visier Ihres Chefs oder einer ganzen Allianz stehen, die sich hinter ihrem Rücken eifrig und subtil gegen Sie gewendet hat.

Aber die meisten Stolpersteine wirft Ihnen ja nicht Ihr Chef in den Weg. Und Ihre Kollegen auch nicht. Zuerst sorgen Sie selbst dafür.

Werden Sie also ein guter Psychologe, vor allem auch, wenn Sie selbst die Position des Chefs innehaben. Denn nur, wenn der Faktor der Mitmenschlichkeit in seinen vielen Facetten bewusst ist und beherzigt wird, können Ihre normalbegabten Mitarbeiter sich so wohlfühlen, dass die Zusammenarbeit optimal für alle funktionieren kann. Und dasselbe betrifft selbstverständlich auch jedes Zusammensein mit Kunden, Klienten oder potenziellen Geschäftspartnern.

Verletzlichkeit

Dinge schnell persönlich zu nehmen, bedeutet Distanzlosigkeit. Ohne Distanz macht man sich kritische Anregungen, Einwände, Vorwürfe oder Anklagen sofort in einem destruktiven Sinn zu eigen und nicht konstruktiv im Sinne des Themas, über das gerade gesprochen wird. Diese Art spontaner Interpretation erzeugt viel subjektiven Druck, weil sie mit einer Negativbewertung der eigenen Person gleichgesetzt wird, die unterschwellig sowieso schon besteht und in der Kindheit verwurzelt ist.

Überreaktionen sind meistens die Folge von zu hohem seelischem Druck: Kampf oder Flucht. Entweder man reagiert beleidigt, weil einem ja ein Leid zugefügt wurde, zieht sich in sein Schneckenhaus zurück und windet sich im Elend des Selbstmitleids. Oder man wird laut und aggressiv, raucht vor Zorn und zeigt dem Gegenüber eine ganze Weile die Hörner. Die dritte Möglichkeit ist, aggressiv gegenüber sich selbst zu werden, weil der andere ja recht hatte. Dann tritt man vielleicht erst recht aufs Gaspedal und überarbeitet sich, bis man krank ist, nur um sich und der Welt den eigenen Wert doch noch zu beweisen.

Der intelligente Umgang mit der eigenen Verletzlichkeit funktioniert ganz anders. Die Distanz, die Hochbegabte so gut beherrschen, wenn es um die Analyse irgendwelcher Sachthemen geht, ist das eine Meistermittel, wenn es um die Verletzlichkeit geht. Die mentale Schnelligkeit ist das andere. Die Gestaltungsmotivation ist das dritte.

Das Gefühl, verletzt worden zu sein, entsteht im Bruchteil einer Sekunde.

Deshalb können gerade Hochbegabte üben, dieses Gefühl auch im Bruchteil einer Sekunde zu erkennen und sofort dazu auf Distanz zu gehen, anstatt wie bisher leidvoll in der Zwangsjacke früherer Erfahrungen stecken zu bleiben. Im Bruchteil einer Sekunde können sie diese Zwangsjacke zurückschicken, wohin sie gehört, nämlich in die ferne Vergangenheit. Und im Bruchteil einer Sekunde können sie sich entscheiden, erwachsen zu sein, und ihre Situation so umgestalten, dass sie Herr im eigenen Haus sind, indem sie einen rein sachlichen Fokus darauf richten, was gerade zu ihnen gesagt wurde.

War es rein sachlich berechtigt?
Dann antworten Sie sachlich.
Wollte der andere sich aufspielen?

Atmen Sie einmal kurz durch. Lächeln Sie sich innerlich an. Lächeln Sie ihn an, und zwar nicht arrogant, sondern freundlich, weil Sie ihm damit den Wind aus den aufgeblähten Segeln nehmen. Und geben Sie dann eine rein sachliche Antwort.

Verbissenheit

Mitunter kann man sich an Zielen festbeißen, die nur schwer erreichbar sind. Man kann sich an Themen festbeißen, die jenseits der eigenen Kompetenz liegen. Und man kann sich in Konflikte verbeißen, bis man sich völlig aufgerieben hat. Das Problem der Verbissenheit ist, dass sie die mentale Dynamik, die Hochbegabte nicht nur lieben, sondern auch brauchen, zum Erliegen bringt.

Versuchen Sie, Abstand zu gewinnen, und reflektieren Sie. Lohnt es sich wirklich, in diese Ziele, Themen oder Konflikte noch mehr Energie zu investieren? Tun Sie sich damit selbst etwas Gutes? Verbissenheit ist immer Ausdruck einer inneren Notlage. Fragen Sie sich, welche das ist. Wem müssen Sie was beweisen?

Entscheidungsschwäche

Viele Hochbegabte sind gute Denker, die sich intensiv mit den Zusammenhängen innerhalb von Themen und Problemen beschäftigen und versuchen, so genau wie möglich zu analysieren, was wodurch verursacht wurde, welche Handlung welche Konsequenz hat oder haben könnte und ob es sinnvoll ist, dieses oder jenes jetzt zu tun oder später, gar nicht oder ganz anders. Dabei können sie mentale Feuerwerke produzieren und so viele Ideen oder Szenarien durchspielen, dass es zunächst ein Vergnügen ist. Aber wenn dann die endgültige Entscheidung über das Optimum ansteht, ist es vorbei mit dem Spaß, und die Qual der Wahl beginnt.

Im unerlösten Fall denkt ein Hochbegabter zu lange, zu ausführlich und oft auch zu ausschweifend nach. Aber Gedankenreichtum kann erschlagend sein, weil aus zu vielen Gedanken, Perspektivwechseln, Argumenten und Gegenargumenten im Kopf ein Wirrwarr entsteht, das den roten Faden der Ariadne unter sich begräbt.

Wenn dann die Entscheidung für das Optimum immer wieder hinausgezögert wird, weil der Mut fehlt, Nägel mit Köpfen zu machen, kann das im Umfeld nicht nur für Stress, Unmut und Ärger sorgen. Entscheidungsschwäche kann auch als Ideenlosigkeit ausgelegt werden, als fehlendes Engagement, als Faulheit. Dabei war das Gegenteil der Fall. Nicht das Zuwenig an Engagement und Ideen war die Ursache der Entscheidungsschwäche, sondern das Zuviel.

Der intelligente Umgang mit Entscheidungsschwäche liegt im entschiedenen Verlassen des Schaumbads, das Ihr überbordender Ideenreichtum Ihnen bereitet hat. Schauen Sie sich den Schlamassel einmal von außen an. Wenn Sie sich fühlen wie ein fehlgesteuerter Roboter, der nicht mehr weiß, wo vorn und hinten ist, schalten Sie ihn ab. Wenn Ihr Gehirn schon raucht, sagen Sie: »Schluss jetzt mit dem Unfug!« und lassen Sie diesen heiß gelaufenen Roboter und das Thema, mit dem Sie sich gerade fertig gemacht haben, eine Weile ruhen.

Überlegen Sie in Ruhe, wer oder was Sie dazu gebracht hat, sich von einem anfänglichen Vergnügen in einen Zustand der Hilflosigkeit zu manövrieren. Ist es Ihre Unfähigkeit, Nein zu sagen? Überfüllen Sie Ihren Kopf nur deshalb so, weil Sie solche Angst haben, ein wichtiges Detail zu übersehen? Oder ist es Ihre Angst, für eine einmal getroffene Entscheidung die volle Verantwortung zu übernehmen, weil Sie um jeden Preis verhindern wollen, einen Fehler gemacht zu haben, der dann auch noch öffentlich bekannt wird? Entscheidungsschwäche ist mehr als ein Nein zur Entscheidung. Es ist auch ein Nein zur Selbstverantwortung, das sich gegen Sie richtet, weil es Sie in den Kinderschuhen stecken lässt. Zum Erwachsensein gehören aber die bewussten Neins genauso wie die bewussten Jas. Deshalb trainieren Sie die Neins gegenüber Ihren erkannten Ängsten und die Jas gegenüber Ihrer Selbstverantwortung.

Entscheidungsstärke

Hochbegabte können auch umsetzungsstarke Macher sein, die schnell Ideen entwickeln und sie gleich darauf verwirklichen. Die Frage, was man konkret tun könnte, um ein anstehendes Problem zu lösen, ist für sie eine willkommene Herausforderung, der sie sich mit Freude stellen.

Dieses Packen-wir-es-an-und-meistern-es ist prinzipiell ein positives Merkmal. Aber es kann dazu führen, dass hochbegabten Machern zu viele Aufgaben aufgebürdet werden, weil sie sie sich aufbürden lassen. Der Retter in der Not zu sein, erzeugt natürlich das gute Gefühl, unentbehrlich zu sein. Und immer wieder als Meister der Problemlösung zu gelten, ist auch nicht zu verachten. Aber nur weil jemand Aufgaben so gut und effektiv bewältigen kann, heißt das noch lange nicht, dass er es auch muss.

Der intelligente Umgang mit Entscheidungsstärke besteht im Nachdenken.

Wie oft eilen Sie anderen zu Hilfe?

Was haben Sie davon?

Bleibt Ihnen überhaupt noch genug Zeit für Ihre eigene Arbeit, oder werden Sie schon atemlos? Müssen Sie Ihre eigene Arbeit mit nach Haus nehmen und dort erledigen, obwohl Sie sich eigentlich ausruhen müssten?

Bleibt Ihnen eigentlich auch mal Zeit für die Muße? Sie haben jeden Tag nur 100 Prozent Energie und 100 Prozent Zeit. Wenn diese beiden Hundertprozenter verbraucht sind, was dann? Wie viel Raubbau glauben Sie, mit sich betreiben zu können?

Was Sie brauchen, ist ein Buchhalterheft, mit dem Sie schwarz auf weiß Bilanz ziehen können, wie viel Zeit und Aufwand Sie für andere betreiben und wie viel für sich selbst. Es reicht, wenn Sie eine einzige Woche mit Ihrem Buchhalterheft in der Tasche leben, es zwischendurch herausziehen und kurze Notizen samt Zeitangaben in die Spalten schreiben.

Sie brauchen auch nur zwei Spalten, *Die anderen* und *Ich*. Aber

Sie tun sich selbst einen Gefallen, wenn Sie dem *Ich* noch zwei Spalten hinzufügen: *Soll* und *Haben*. Beim *Haben* stehen natürlich Ihre Intelligenz, Ihre Analysefähigkeit, Ihre Entscheidungsstärke, Ihr Machertum, Ihre Gutmütigkeit, alle Fähigkeiten, die Sie gern für andere einsetzen. Wahrscheinlich sind Sie sich über diese Punkte schnell im Klaren.

Das Soll ist etwas schwieriger, weil es sich so leicht verdrängen lässt. Es ist aber auch spannender. Es könnte sein, dass Sie etwas vergesslich geworden sind. Vielleicht sind Sie auch ungenießbar geworden oder brauchen plötzlich für die leichtesten Dinge dreimal so viel Zeit wie früher. Es könnte auch sein, dass Sie krank geworden sind, nur um endlich mal Ruhe vor den uferlosen Anforderungen Ihres Lebens zu haben. Wenn solche Signale auftauchen, hilft nicht mehr viel, außer Ruhe zu geben, nachzudenken und das Buchhalterheft zu führen. Um danach das Ruder herumzureißen.

Warum helfen Sie anderen so oft und freiwillig aus der Patsche?

Wären Sie bei Ihren Kollegen auch so beliebt, wenn Sie ihnen mal nicht auf die Sprünge helfen würden?

Würden Ihre Kollegen sich genauso auch für Sie engagieren?

Fühlen Sie sich manchmal gar nicht wie der Retter, sondern wie der Mülleimer der Nation, wie ein Krankenhaus mit nur einem einzigen Arzt oder die Feuerwehr, die rund um die Uhr mit einem einzigen Feuerwehrmann auskommt?

Und was wollen Sie mit Ihrem Machertum eigentlich erreichen? Brauchen Sie Aufmerksamkeit und bekommen nie genug davon? Brauchen Sie ein tolles Image, das Sie immer wieder aufpolieren müssen, weil Sie sich Ihrer selbst so unsicher sind? Antworten Sie nicht gleich mit Nein. Vielleicht kompensieren Sie tatsächlich ein uraltes Minderwertigkeitsgefühl. Vielleicht versuchen Sie, den gefühlten Mangel im Inneren durch tatkräftige Hilfsbereitschaft im Außen auszugleichen. Oberflächlich und punktuell mag das gelingen, aber wenn Sie nicht wirklich von sich überzeugt sind und nicht wirklich hinter sich stehen, bleiben Sie abhängig von der Aufwertung durch andere und brauchen immer wieder neue Kicks. Und dann haben Sie es mit einem uralten, verdrängten Problem zu tun, bei dem Sie Ihre detektivische Spürnase mit aller Kraft in den Wind halten müssen, um herauszufinden, worum es in Wahrheit eigentlich geht.

Eigenlob

Machen Sie sich unabhängig von externem Lob, indem Sie bewusst ein Gefühl dafür entwickeln, wann Sie selbst mit sich zufrieden sein dürfen. Trainieren Sie das Selbstlob eisern, und wenn es Ihnen noch so schwerfällt. Klopfen Sie sich grinsend auf die Schulter und raunen Sie sich ein »Gut gemacht!« zu – das wirkt wahre Wunder. Stellen Sie sich vor den Spiegel und lächeln Sie sich an. Und wenn Sie sich noch so lächerlich dabei fühlen sollten, auch das wirkt Wunder und ist sogar physiologisch begründet, weil durch das Lächeln Muskeln aktiviert werden, die die Endorphinausschüttung im Gehirn anregen. Und wenn das laute Selbstlob zu schwierig ist, können Sie sich am Anfang auch in Gedanken für Ihr erreichtes Etappenziel loben. Machen Sie das morgens, mittags und abends, bis Sie merken, dass sich Ihr Lob gut anfühlt. Und sollte das geklappt haben, loben Sie sich laut und deutlich. Je öfter Sie dies tun, umso stärker wird auch Ihre Überzeugung, etwas wirklich gut gemacht zu haben.

Loben Sie sich außerdem ganz konkret für die erfolgreiche Umsetzung Ihrer neuen offiziellen Geschwindigkeitsanpassung an die Kollegen. Oder dafür, dass Sie sich für andere ein kleines bisschen weniger einsetzen. Oder sich Ihrer Jas und Neins bewusster geworden sind. Es gibt viele Gründe – man muss sie nur wahrnehmen.

Und loben Sie sich extra dafür, dass Sie an einer Ecke Ihres Lebens für Entspannung gesorgt haben. Je öfter Sie das tun, umso souveräner werden Sie.

Wenn Sie aber merken, dass Sie damit Probleme haben, weil Sie glauben, dass Eigenlob stinkt, loben Sie sich gleich nochmal dafür, dass Sie sich gelobt haben. Denn Eigenlob stinkt nur bei Selbstüberschätzung und Prahlerei, was gerade Hochbegabten meistens fernliegt.

> *Die wahre Vollkommenheit des Menschen*
> *liegt nicht in dem, was er hat,*
> *sondern in dem, was er ist.(...)*
> *Was in ihm ist, das hat der Mensch wirklich.*
> *Was draußen ist, sollte ohne Bedeutung sein.*
>
> Oscar Wilde[108]

Echt werden

Zugegeben – der Begriff »echt« klingt kitschig, aber er ist der einzig mögliche. Zwar ist er durch die inflationäre Verwendung im esoterischen Bereich fast zu einem Tabu und umgangssprachlich zu einem reinen Verstärkungsfaktor geworden und hat allenfalls im Zusammenhang mit Antiquitäten, Edelmetallen und Geld noch seine ursprüngliche Bedeutung. Aber das, was in diesem Kapitel besprochen wird, lässt sich anders nun mal nicht ausdrücken.

Was unter echt zu verstehen ist, erklärt der Duden so:
nicht nachgemacht,
nicht imitiert,
unverfälscht,
nicht vorgetäuscht,
nicht scheinbar.[109]
Und das gilt nicht nur für Dinge, sondern auch für Menschen.

Berufe für den inneren Frieden

Wie echt jemand ist, kann er unter anderem extrem gut daran ablesen, wie wohl er sich mit seinem Beruf fühlt. Nicht mit dem menschlichen Umfeld an seinem Arbeitsplatz, sondern mit dem Beruf an sich.

Es muss möglich sein, die Talente im Beruf wirklich lebendig werden zu lassen. Denn dann stimmt der Beruf mit der Berufung überein. Wenn das nicht der Fall ist – und wir werden sehen, warum –, sieht die Welt mitunter so düster aus, wie Sherlock Holmes, der fiktive Londoner Meisterdetektiv, sie beschreibt: »Ohne geistige Arbeit ist alles sinnlos. Wofür soll man sonst leben? Schauen Sie aus dem Fenster. War die Welt jemals so öde, spröde und unergiebig? Sehen Sie nur, wie der gelbe Nebel durch die Straße wabert und vor den grauen Häusern wogt. Was könnte langweiliger, was weniger inspirierend sein? Wozu große Gaben, Doktor, wenn man sie nicht nutzen kann?«[110]

Hin und wieder hatte Holmes zwar seine depressiven Phasen, und man musste ihn unbedingt in Ruhe lassen. Grundsätzlich war er aber der glücklichste Mensch auf Erden, weil er nach einigem Nachdenken in einer sehr speziellen Nische nicht nur seinen Traumberuf erschaffen hatte, sondern damit seine mentalen Qualitäten auf die professionelle Ebene heben und sich mit seinen außerordentlichen Talenten unentbehrlich machen konnte:

»Na ja, ich habe einen etwas eigenwilligen Beruf. Ich nehme an, dass ich der Einzige auf dieser Erde bin. Ich bin ein Detektiv, den man wie einen praktischen Arzt konsultieren kann. Sie verstehen, was ich meine, nicht wahr? Hier in London haben wir Mengen von Polizeidetektiven und ebenso viele Privatdetektive. Wenn diese Leute nicht mehr weiterwissen, kommen sie zu mir. Mir gelingt es dann meistens, sie auf die richtige Fährte zu führen. Sie breiten einfach alle gesammelten Beweise vor mir aus, und durch mein Wissen über die geschichtlichen Hintergründe der Verbrechen kann ich ihnen dann meistens weiterhelfen.«[111]

Sherlock Holmes zähmte damit dieses unbedingte Wissenwollen, das für die meisten Hochbegabten typisch ist. Er lenkte es in geeignete Bahnen, die perfekt für ihn waren, indem er seinen mentalen Spielplatz zu seiner Profession machte. Besser kann es nicht laufen, denn auf diese Weise durfte sein unruhiger Geist offiziell auf Entdeckungsreise gehen, und Holmes erntete dafür Ansehen, Reichtum und inneren Frieden. »Mein Geist«, sagte er, »rebelliert gegen Stagnation. Setzen Sie mir ein Problem vor, verschaffen Sie mir Arbeit, konfrontieren Sie mich mit einer abstrusen Geheimschrift oder mit einer hochkomplexen Analyse, und ich bin wieder in meinem Element. Dann kann ich auf künstliche Anreger verzichten. Aber ich verabscheue die öde Routine des Lebens. Ich sehne mich nach geistigen Höhenflügen. Deshalb habe ich mich für meinen Beruf entschieden, ihn besser gesagt erfunden, denn ich bin weltweit ein Einzelfall.«[112]

Mit ihrer hohen Gestaltungsmotivation könnten Hochbegabte sich tatsächlich leichter als alle anderen einen ganz neuen Beruf erschaffen. Aber das muss nicht mal sein, denn es gibt ja schon genügend Berufe, die sich hervorragend für sie eignen. Optimal sind alle, in denen man den Dingen auf den Grund gehen darf, um Probleme anderer Menschen oder auch ganz abstrakte Probleme zu lösen.

Ein Mediziner braucht auf seinem Gebiet ebenso großes Wissen und detektivisches Gespür wie ein Kriminaler und kann sich der Dankbarkeit seines Patienten sicher sein, wenn er Fragen stellt, auf die sein Patient nie gekommen wäre.

Dasselbe gilt für den Psychologen. Wer hat keine Leichen im Keller seiner Seele? Das Unterbewusste des Menschen ist so dunkel, dass man es nur mit einer Reihe kluger Fragen, detektivischer Kombinatorik und Indizienbeweisen erhellen kann.

Überhaupt eignen sich alle Berufe, die psychologisch geprägt sind, und natürlich auch alle Berufe, deren Kern die Pädagogik ist, von der Erzieherin in einer Kita bis hin zur Deutschlehrerin, die sich und alle ihre Schüler ganz offiziell fragen darf, was Faust denn wohl gemeint haben könnte, als er sagte: »dass ich erkenn, was die Welt im Innersten zusammenhält«.

Die gesamte Wissenschaft käme nicht weiter ohne hartnäckiges Fragen, wobei es egal ist, ob es in einer großen Universität oder in einem kleinen Fachlabor stattfinden darf. Es ist sogar egal, ob es sich um anerkannte oder alternative Forschung handelt, wenn daraus ein Beruf wird, bei dem das unbedingte Wissenwollen die Hauptrolle spielen darf.

Auch der seriöse Journalismus kommt ohne beständiges Fragen und Nachfragen nicht aus. Dieses Feld ist groß, und es muss gar nicht unbedingt der investigative Journalismus sein. Je nach subjektiver Vorliebe und persönlichem Fachwissen kann es auch die Kunst- oder Musikkritik sein, die Außen- oder Innenpolitik. Ohne gezieltes Hinterfragen von Fakten und Meinungen käme nie ein kluger Zeitungskommentar zustande.

Für Übersetzer gilt dasselbe. Denn nur mit einem herausragenden Sprachgefühl und der Fähigkeit, sich vollkommen in den Geist eines Autors hineinzuversetzen, können sie den Lesern das Wesen eines Werks vermitteln.

Welcher Beruf erscheint besonders reizvoll, weil er mentale Abenteuer verspricht? Welcher lässt auf inneren Frieden hoffen, weil auf Teufel komm raus gefragt werden darf? Weil sogar gefragt werden muss? Und weil vor allem auch Fragen gestellt werden müssen, auf die andere gar nicht gekommen wären? Neben unseren Beispielen gibt es sicher noch mehr Berufe, die uns nicht eingefallen sind, aber Ihnen bestimmt.

Sagten Sie gerade *aber*?
Aber ich kann nicht?
Aber das geht nicht?
In meinem Alter?
In meiner Situation?

Wer *aber*, *doch* oder *eigentlich* sagt, sagt in Wirklichkeit *Nein*. Er sagt *Nein* zu seinem mentalen Reichtum. Damit sagt er letztendlich *Nein* zu sich selber. Wer aber *Nein* zu sich selber sagt und die sogenannten Sachzwänge als Entschuldigung heranzieht, kann sich mit dem unbedingten Wissenwollen nicht auf die Suche nach einem beglückenden Beruf machen. Er muss sich nämlich zuerst um die Abers, Dochs und Eigentlichs kümmern.

Warum sind sie so eisern? Und so mächtig, dass sie uns die Tür, die wir doch gerade öffnen wollten, gleich wieder vor der Nase zuschlagen?

Weil sie wie Schießhunde verbotenes Terrain bewachen, wo ein dunkles Geheimnis verborgen ist, das in den Märchen zur Befreiung des Helden und zur Erfüllung der Wunschträume führte. Vielleicht haben Sie früher Wunschträume gehabt, aber heute nicht mehr? Vielleicht gibt es in Ihrem Leben heute eine Sperrzone, die früher einmal Ihr Lieblingsspielplatz war? Vielleicht dürfen Sie die Sperrzone heute nur noch betreten, wenn Sie daraus Ihre Privatinsel gemacht haben, auf der Sie nur Kammermusik spielen?

Um Ihre Abers, Dochs und Eigentlichs zu entlarven, brauchen Sie eine gute Portion Ehrlichkeit. Versuchen Sie, die folgenden Fragen zu Ihrer eigenen Zufriedenheit zu beantworten, und die Antworten schreiben Sie am besten auf:

1. Was interessiert mich wirklich?
2. Was hat mich als Kind interessiert?
3. Wovon habe ich immer geträumt, das ich nie für möglich gehalten hätte?
4. Was hat mich früher interessiert, als ich noch Zeit hatte?
5. Welche Zeitfenster habe ich jetzt?
6. Brauche ich eine Herausforderung, die fernab von meinem Beruf liegt?
7. Fehlt mir ein Schulabschluss, um meinen Träumen näher zu kommen?
8. Macht mir meine Arbeit seelisch und geistig überhaupt Spaß?
9. Welches Wissensgebiet könnte eine Alternative sein?
10. Welches Wissensgebiet könnte eine Bereicherung sein?

Je mehr Antworten Sie auf diese Fragen finden, desto besser. Je öfter in diesen Antworten das Wort »aber« auftaucht, desto schlechter. *Geht nicht, kann ich nicht, darf ich nicht* – Hand aufs Herz, ist es denn wirklich so unabänderlich?

Hochbegabte Erwachsene können mehrere Projekte parallel laufen lassen. Sie können einerseits in ihrem Job arbeiten und zusätzlich eine weitere Ausbildung machen oder ganz privat ein neues Themenfeld erobern. Was für andere Menschen Überforderung bedeuten könnte, ist für sie manchmal lebenswichtig, wobei sie allerdings eine angemessene Dosierung im Auge behalten müssen. Schach zu lernen und dann in einen Schachclub reinzuschnuppern, ein Musikinstrument auszuprobieren oder sich einen Vocal Coach zu suchen, um musikalisches Neuland zu betreten, kann genauso sinnvoll sein wie die Umsetzung politischer Ziele, die Unterstützung oder der Aufbau humanitärer Projekte, das Engagement für den Naturschutz, das Lernen neuer Sprachen oder das Unterrichten des eigenen Spezialgebiets.

Das ist individuell extrem verschieden, doch zunächst geht es nur um eins, nämlich sich selber endlich besser kennenzulernen, und dafür sind Projekte optimal. Wenn sich Ihre Abers, Dochs und Eigentlichs aber gar nicht aufweichen lassen, sollten Sie die zehn Fragen im Augenblick ruhen lassen und sich um zwei Problemfelder kümmern, die Sie daran hindern könnten, sich näherzukommen. Eine falsch verstandene Form von Authentizität kann für das Wissen, wer man eigentlich ist, nämlich ein ebenso großes Handicap sein wie ein heimlicher Regisseur, der Sie zur Marionette gemacht hat.

Authentizität

Wir hatten schon gesagt, dass die Gestaltungsmotivation der Hochbegabten wesentlich stärker ausgeprägt und gleichzeitig ihre Führungsmotivation deutlich geringer ist als bei Normalbegabten. Aber das führt oft zu einem folgenschweren Missverständnis der Normalbegabten.

Normalerweise sind diese beiden Motivationen ähnlich stark. Das heißt, wer führen will, will auch gestalten, und wer gestalten will, der will auch führen. Deshalb ist im Arbeitsleben Gestaltung meistens Chefsache. »Normalbegabte verbinden mit einem Gestaltungswillen oft einen Führungswillen«, sagt der Bochumer Psychologe Rüdiger Hossiep in seiner Studie über die Persönlichkeitsmerkmale hochbegabter Erwachsener. »Deswegen wird Hochbegabten oftmals unterstellt, sie wollten sofort an die Macht, ohne quasi von der Gruppe oder dem ›System‹ dazu berechtigt worden zu sein. Also müssen sie als Neue in der Gruppendynamik ganz schnell bekämpft oder kaltgestellt werden, weil sie die im Laufe der Vergangenheit hergestellte Hierarchie gefährden. Normalbegabte sind oft irritiert, wenn sie merken, dass Hochbegabte mitnichten die Führung wollen, sondern nur Prozesse verbessern möchten. Oft wollen Letztere nur in Ruhe ihre Arbeit tun. Dass sie dabei ganz selbstverständlich Verbesserungspotenzial entdecken und die Optimierung sofort umsetzen wollen, empfinden sie als völlig normal, unproblematisch und folgerichtig. Für sie ist es wie das Lösen eines Rätsels: Es macht Spaß und wird als Herausforderung gesehen, ohne jeden Gedanken, diese eine Idee zu instrumentalisieren, um beispielsweise andere Ziele (z. B. mehr Geld, Führungsmacht oder Privilegien) zu erreichen.«[113]

Es ist ein Spiel, ein Rätsel, das reizt, ein Abenteuer, das auf einem hohen mentalen Niveau kindliche Freude bereitet. Es ist echt. Es ist authentisch. Und wird oft genug für Hochbegabte zum Stolperstein, obwohl sie ihre Fähigkeiten ganz in den Dienst der Firma gestellt haben. Das liegt daran, dass die meisten Kollegen anders denken und handeln, nämlich nicht geradeaus – *ich kann es, ich will es und ich tue es dann auch* –, sondern streng nach der Firmenhierarchie: »Ich weiß zwar, wie es besser gehen könnte, aber ich verbessere nichts. Das ist nämlich Aufgabe des Chefs, der wird ja auch besser bezahlt. Ich sag ihm auch nichts, weil dafür wird er auch bezahlt, das selbst herauszufinden, und wenn er nichts herausfindet, macht er seinen Job nicht gut, aber ich kann ja seinen Job nicht machen, ich bin ja nur Sachbearbeiter usw.«[114]

Wenn sich Firmenhierarchie auf diese Weise manifestiert, wird Authentizität zum Problem, weil Menschen sich verbiegen müssen. Deshalb wurde in den letzten Jahren die Forderung nach Authentizität in Managementtrainings und Weiterbildungen so laut, dass sich gleich wieder eine Gegenbewegung zur Eindämmung von zu viel Authentizität breitmachte. Thomas Armbrüster, Professor für BWL

(Wissens- und Personalmanagement) an der Universität Marburg, hält Authentizität sogar für einen völligen Irrweg, weil sie seiner Meinung nach einem »Freifahrtschein« für kindliche Anarchie gleichkommt. Er fordert: »Statt auf Authentizität sollte man auf Professionalität und Integrität setzen.« Denn: »Würde ein Unternehmen mit ganz viel ›Authentizität‹ nicht einem Kindergarten voller Narzissten, kleiner Despoten und Rotzlöffel gleichen? Wettbewerbsfähig wäre das Unternehmen mit Sicherheit nicht.«[115] Gerecht wird man den Kindern mit einer solchen Aussage nicht. Niemand ist authentischer als sie, niemand ist echter, ehrlicher, gegenwärtiger, unvoreingenommener und fantasievoller – solange ihre verspielte Kindlichkeit lebendig ist. Die wenigsten Erwachsenen haben sich diese Qualitäten erhalten, und wahre Professionalität kommt ohne sie nicht aus.

»Ich habe schon wieder was verbrochen in der Gravitationstheorie, was mich ein wenig in Gefahr setzt, in einem Tollhaus interniert zu werden.«[116]

Wenn Thomas Armbrüster das gehört hätte, hätte er vermutlich auch Einstein, den Urheber dieser Worte, in den Kindergarten der Anarchisten gesteckt. Denn Einstein, neben Newton der größte Physiker aller Zeiten, war so ein Kind voller Neugier, das nichts lieber tat, als spontane Ideen ernst zu nehmen und sie mit aller Ernsthaftigkeit auf ihre Tauglichkeit zu überprüfen. Was Einstein über den Zusammenhang von Wissenschaft und Kindlichkeit sagt, ist eine Wahrheit, die nicht nur Armbrüster nicht sehen will oder kann, sondern große Teile der Gesellschaft: »Das Studium und allgemein das Streben nach Wahrheit und Schönheit ist ein Gebiet, auf dem wir das ganze Leben lang Kinder bleiben dürfen.«[117] Auf einem oder mehreren Spezialgebieten Kind zu bleiben, sich der Neugier immer wieder hinzugeben, sich die große Offenheit zu bewahren und schließlich auch mit kindlicher Freude die schönsten Früchte mentaler Anstrengungen zu ernten, haben die meisten Hochbegabten mit Einstein gemeinsam. Es sind die Neugier, der Spieltrieb und die konstruktive Fantasie – Persönlichkeitsmerkmale aller Hochbegabter –, ohne die Armbrüster und so viele andere weder eine Heizung noch fließendes Wasser im Haus hätten: »Der Urquell aller technischen Errungenschaften ist die göttliche Neugier und der Spieltrieb des bastelnden und grübelnden Forschers und nicht minder die konstruktive Fantasie des technischen Erfinders.«[118]

Authentizität innerhalb einer Firma ist aber oft etwas ganz anderes. Sie fordert das Aufgehen eines Menschen in der ihm zugewiesenen Rolle und Position mit seinen Pflichten, Talenten und auch Rechten. Die Firmenauthentizität ist die Kongruenz der betrieblich geforderten Rolle mit der eigenen Fähigkeit, sich mit all seiner Kompetenz einzufügen, dies zu können und auch zu wollen. Mit Haut und Haar ist er dann gleichzeitig auch voll in das System integriert. Denn Integrität hat jemand, der sich verantwortungsvoll mitsamt seinen fachlichen und überfachlichen Kompetenzen in den Dienst der Firma stellt, dabei alle formellen und informellen Regeln einhält und deswegen vertrauenswürdig ist. Auf ihn kann man sich verlassen.[119]

Soweit die ideale Theorie. Tatsächlich scheint Integrität in der Arbeitswelt – und damit immer auch die Authentizität des Einzelnen – ein immenses Problem zu sein – ganz unabhängig vom Thema Hochbegabung. Waldemar Pelz, Professor für Internationales Management und Marketing an der Technischen Hochschule Mittelhessen, hat dazu eine internationale Stichprobe mit 86 000 Teilnehmern gemacht. Das Fazit dieser Untersuchung: Nur 15 bis 20 Prozent aller Mitarbeiter sind voll engagiert. Und bis zu 80 Prozent der Deutschen haben ein Problem mit ihrem Vorgesetzten. Dass ihre Leistungen nicht anerkannt werden, beklagen 32 Prozent, dass sie in Entscheidungen nicht eingebunden sind, gefällt 29 Prozent nicht, und dass ihre Vorschläge und Meinungen nicht beachtet werden, ist für 24 Prozent schwierig.[120]

Das spricht bei einem Viertel bis zu einem Drittel der Angestellten nicht für Integrität. Wozu sollen sie integer sein, wenn sie nicht integer behandelt werden? Für Authentizität spricht es ebenso wenig, denn wenn diejenigen, die sich beklagen, die Arbeitssituation weiter notgedrungen hinnehmen, anstatt sich zu verändern, gehen sie weder echt noch ehrlich mit sich um, sondern belügen sich mithilfe von Sachzwängen. Glücklich wird man davon nicht.

Aber »authentische Menschen sind psychisch gesünder und zeigen bessere Leistungen«, sagt die Psychologin Astrid Emmerich vom Lehrstuhl für Arbeits- und Organisationspsychologie an der Universität Leipzig.[121]

Letztendlich befinden sich viele Menschen in einer Zwickmühle. Einerseits sollen sie authentisch sein, um glücklich zu werden. Andererseits sollen sie eine Firmenauthentizität besitzen, die oft nicht mit ihrer eigenen identisch ist. Nicht wenige akzeptieren ihre Firmenauthentizität, weil sie ihre eigene noch gar nicht gefunden haben. Aber wer sich unwissentlich verbiegt, um den Anforderungen der Firma gerecht zu werden, kann sich sicher sein, dass seine Leistungen nie so gut sind, wie sie sein könnten, weil seine Talente nicht frei fliegen können. Wenn er dann früher oder später krank wird, muss er sich nicht wundern. Depression gehört zu den Folgeerscheinungen, ebenso der Burn-out, aber beide sind lediglich Symptome einer Krankheit, die man als Unechtheit bezeichnen könnte. Hartnäckige Abers, Dochs und Eigentlichs sind bei der Suche nach sich selbst oft die besten Signale, dass der Echtheitsgrad eines Menschen noch nicht genügend analysiert und reflektiert wurde.

Heimliche Regisseure

Neben der allgemeinen Verwirrung über persönliche und Firmenauthentizität, die jeder für sich klären muss, wenn er nicht aus Versehen ein falscher Fuffziger sein will, kann es in der Innenwelt eines jeden Menschen noch ein wirklich großes Hindernis für seine Echtheit geben.

Das Problem ist, dass da ständig jemand mitredet, verbietet, anordnet oder nur unter bestimmten Bedingungen erlaubt, obwohl er gar nichts zu sagen haben dürfte. Die Frage ist: »Wer ist der Souverän?« Und die Antwort lautet: »Nicht ich!«

Wir hatten schon im Kapitel über die »Risikozone Eltern« gesagt, dass dieses Szenario einem Stück mit einem Hauptakteur und einem Regisseur gleicht. Es ist die Kunst, souverän im Doppel zu spielen, wenn Sie sowohl der Hauptakteur als auch der Regisseur sind, der schaltet und waltet. Als Hauptakteur sind Sie das erlebende und handelnde Individuum auf der Bühne Ihres Lebens. Als Regisseur bleiben Sie verdeckt im Hintergrund und geben konstruktive Anweisungen. Es kann aber auch sein, dass ein anderer die Regie übernommen hat und Sie als Hauptakteur leiden lässt, weil er Ihnen destruktive Anweisungen gibt.

C. G. Jung nennt den Hauptakteur die Ich-Persönlichkeit eines Menschen und den inneren Regisseur das zweite Subjekt. Dieses ist der unter der Schwelle des Bewusstseins liegende Teil des Ichs, seine andere Seite. »Die Existenz dieses zweiten Subjektes ist keineswegs ein pathologisches Symptom, sondern eine normale Tatsache.«[122] Wenn dieses zweite Subjekt ein Regisseur ist, der Sie klein und ängstlich macht, sprechen die Psychologen von der externen Kontrollüberzeugung. Im positiven Fall lautet der Fachbegriff »interne Kontrollüberzeugung«, weil das zweite Subjekt ein wohlmeinender Regisseur ist, der Sie groß und souverän macht. Auf Hochbegabte übertragen heißt das Folgendes:

Grundsätzlich können sie alles gut, was
1. ihrem Talent entspricht – das kann kognitiv, musisch oder sportlich sein – und was gleichzeitig
2. selbstbestimmt ist.

Aber nur wenn sie der Souverän ihres Drehbuchs sind – als Regisseur/Beobachter und als Hauptakteur –, haben sie diese beiden Fäden auch in der Hand und können ihre vielen Trümpfe mit eleganter Leichtigkeit ausspielen.

Dann können sie:
1. zur Hochform auflaufen, sich vollkommen vertiefen, sich extrem gut konzentrieren, sehr schnell und zu Höchstleistungen fähig sein, was andere allerdings mitunter erschreckt,
2. selbstverständlich, gern und ernsthaft die Verantwortung für ihre Gedanken und Taten übernehmen,
3. außergewöhnlich scharf mit verschiedenen Sinnen wahrnehmen, oft aus winzigen Details kluge Schlüsse ziehen und sich deshalb sehr gut in andere Menschen hineinfühlen und vor allem hineindenken,
4. außergewöhnlich tief, schnell, scharf, gleichzeitig spielerisch und kreativ denken und deshalb gut analysieren, und zwar sowohl Menschen als auch Dinge, die sie in irgendeiner Weise interessant finden und umgekehrt von den Details der kleinen Dinge auf das große Gemeinsame schließen und auf einer Metaebene zur Synthese gelangen,
5. mehr, tiefer und kreativer fragen als andere und deshalb oft nicht nur richtige, sondern auch außergewöhnliche Antworten finden, die ihnen und/oder anderen weiterhelfen,
6. ihre Gedanken mit einem Funken sprühenden Wortschatz verkünden und
7. zu Meistern, wandelnden Lexika, wahren Autoritäten in ihren Interessensbereichen werden, wobei sie gern ihre eigenen Lehrer sind und sich autodidaktisch beibringen, was sie brauchen.

Hochbegabte sind in der Lage, all diese Fähigkeiten lebendig werden zu lassen, wenn sie souverän sind. Um aber souverän zu sein, gibt es – neben dem soliden Fundament, das in der Kindheit gebaut wurde – einige Voraussetzungen, die wenigstens teilweise erfüllt sein sollten:
1. die Unabhängigkeit – ideal sind selbst erteilte Aufgaben,
2. die Eigenständigkeit – ideal sind selbst gesetzte Ziele,
3. die Selbstbestimmtheit – ideal ist, wenn sie nicht nur das Denken und Arbeiten prägt, sondern das gesamte Leben,

4. die Ebenbürtigkeit in der Begegnung mit anderen – ideal ist, wenn sie nicht nur das Denken und Arbeiten prägt, sondern das gesamte Leben.

Manche haben dieses Glück von Anfang an, aber viele müssen es sich erkämpfen.

Der innere Regisseur kann seine Fäden aber auch aus der Hand gegeben haben. Das merkt man daran, dass man mit seinem Leben unzufrieden oder gar unglücklich ist. Der eigentliche Regisseur ist dann die Angst, die einem Menschen oft nicht einmal bewusst ist. Wenn die Angst regiert, kann der Hauptakteur nicht souverän sein. Und wer nicht souverän ist, kann nicht echt sein, sondern leidet unter der Enge, die aus der Angst entsteht und sich in der Außenwelt manifestiert. Eigenständigkeit, Selbstbestimmtheit und Ebenbürtigkeit sind dann einfach nicht möglich, dem Hauptakteur wird ständig gekündigt, Chancen werden verpasst, unter Umständen wird er arbeitslos oder hat nie eine feste Beziehung, und schuld sind – meistens die anderen.

Wenn die Angst regiert – oder das Minderwertigkeitsgefühl, das mit der Angst einhergeht –, wird unbewusst einer externen Person die Rolle des eigentlichen Regisseurs zugestanden, der Hand in Hand mit der Angst regieren darf. Auf diese Weise entsteht ein internes Missverhältnis, das in der äußeren Realität zum Ausdruck kommt. Dabei hält sich die Angst selber oft sehr gut versteckt, weil der Hauptakteur ihr unwissentlich dabei hilft, indem er sie überspielt, ignoriert oder kompensiert, sowohl nach innen als auch nach außen.

Angst kann sich vor allem enorm gut hinter dem Müssen verbergen. Das kann der vorgeschobene Sachzwang sein, aber auch jede andere Art von Zwang, dem man sich unterwirft. Hier ein paar typische Beispiele aus dem Leben von Hochbegabten.

Angst vor Kontrollverlust – Zwang zur Klarheit
Wenn eine Aufgabe sie mental oder emotional reizt und herausfordert, können sich Hochbegabte als Hauptakteur so sehr vertiefen, dass sie darüber alles andere und jeden, einschließlich sich selber und den eigenen Körper, restlos ausblenden, manchmal sogar ihren Hunger oder ihre Müdigkeit. Dann ist der Zwang, die anstehende Aufgabe zu lösen – und das kann vom harmlosen Meister-Sudoku am Frühstückstisch über eine anstehende Präsentation vor potenziellen Kunden bis hin zum existenziellen Partnerschaftskonflikt wirklich alles sein –, zum Regisseur geworden.

Etwas bis ins letzte Detail nuancenreich durchdenken zu müssen, ist nicht nur eine Fähigkeit, sondern kann unter Umständen auch der Zwang zur Klarheit sein, weil alles einfach und überschaubar sein muss. Alles unter Kontrolle!, heißt es dann stolz, aber dahinter steckt oft eine sehr subtile Angst vor Kontrollverlust, vor Sicherheitsverlust, vor dem Verlust des sicheren Bodens unter den Füßen.

Angst vor Gesichtsverlust – Zwang zum Perfektionismus
Hochbegabte sind oft nur schwer zufriedenzustellen, gelassene Zufriedenheit ist ihnen eher fremd. Auf bestimmten Gebieten sind sie extrem anspruchsvoll, vor allem sich selbst gegenüber. Das schnelle, scharfe und kluge Denken schützt ja nicht vor Fehlern. Deshalb sind sie in ihrer Rolle als Regisseur ihre eigenen größten Kritiker, die sich aus der Distanz heraus beobachten und damit die eventuellen Fehler des Hauptakteurs aufdecken können. Das tun sie fast automatisch. Wenn sie es aber zwanghaft tun, damit kein anderer ihre Fehlerhaftigkeit aufdeckt, hat der innere Regisseur schon im Vorfeld die drohende Gefahr gewittert und versucht, ihr mit der perfekten Unangreifbarkeit zu entkommen. So gesehen, ist der Zwang zum Perfektionismus nichts anderes als die ohnmächtige Angst vor dem drohenden Gesichtsverlust.

Angst vor Einsamkeit – Zwang zur Anpassung
Small Talk strengt Hochbegabte meistens an, denn selbst der eleganteste Small Talk ist ein Plätschern an der Oberfläche und nicht der Stein, den Hochbegabte so gern ins tiefe Wasser werfen, um zuzusehen, welche und wie viele Kreise er zieht. Aber oft leiden sie gar nicht so sehr daran, dass ihnen eines ihrer Lieblingsspiele verwehrt wird, sondern daran, dass sie gezwungen sind, sich anzupassen, weil die Angst vor der Einsamkeit die Regie übernommen hat und ihnen keine Wahl lässt. Versuchen Sie, Ihre eigenen Kontrollüberzeugungen zu analysieren. Die Rolle, die Sie sich in Ihrem Stück jeweils zuschreiben, lässt sich relativ leicht an den Selbstgesprächen ablesen, die in Ihrem Kopf ablaufen. Denn diese inneren Dialoge sind von einer positiven Erwartungshaltung geprägt und voller guter Assoziationen, wenn die interne Kontrollüberzeugung vorherrscht, aber voller negativer Assoziationen, Ängste und dem Wort »müssen«, wenn die externe Kontrollüberzeugung dominiert.

Wenn die interne Kontrollüberzeugung vorherrscht, können Sie sich entspannt zurücklehnen. Wenn Sie aber ständig an Ihrem Wert zweifeln, führt dies zu der bewussten oder unbewussten Erwartungshaltung, dass Sie in einer bestimmten Situation garantiert auch von anderen abgewertet werden. Deshalb wittern Sie schon im Vorhinein all die Signale von außen, die Ihre innere Überzeugung widerspiegeln. Tatsächlich erlebte Situationen interpretieren Sie automatisch gemäß Ihrer Erwartungshaltung und verstärken damit Ihre negative Selbstüberzeugung. Infolgedessen hören Sie zum Beispiel Kritik viel zu laut und Lob viel zu leise oder überhaupt nicht. Der Glaube und die Erwartung, dass andere weder mit Ihnen zusammen sein noch Ihnen zuhören, geschweige denn Sie verstehen wollen, weil Ihre Beiträge zu Gesprächen es sowieso nicht wert sind, führt zu einer angespannten Habachtstellung. Ihre Gesprächspartner fühlen das sofort, bewusst oder unbewusst, und sind dann tatsächlich nicht gern mit Ihnen zusammen. Und voilà, Sie haben schon wieder die Bestätigung dafür, dass Sie mit Ihrem Glauben und Ihrer Erwartungshaltung recht hatten.

Sie sind es selbst, der diese Realität erschafft. Ihre Wahrnehmung ist aber wie ein Zerrspiegel, der Ihnen keine echte, sondern eine missgestaltete Wirklichkeit zeigt. Da Sie es selbst sind, können Sie Ihre Wahrnehmung und Überzeugung natürlich beeinflussen und verändern, sodass sich auch die Wirklichkeit beeinflussen lassen und verändern wird. »Wie es in den Wald hineinruft, so schallt es heraus« ist tatsächlich eine Weisheit, die immer gilt und deshalb als Rezept genutzt werden kann. Sie bedeutet nicht unbedingt, dass Freundlichkeit immer mit Freundlichkeit beantwortet wird, aber sie bedeutet, dass die ehrliche Achtung seiner selbst mit einer Selbsterkenntnis und Souveränität einhergeht, die andere fühlen und der sie deshalb mit Achtung begegnen.

Selbsterkenntnis ist vielleicht die schwierigste Herausforderung, der ein Mensch begegnen muss, um echt zu werden, und es braucht einige Intelligenz, um diese Aufgabe zu meistern. Die Frage ist, wie Sie Ihre Intelligenz konkret einsetzen können, um nützliche Antworten zu bekommen? Was können Sie gezielt tun, um Ihren wahren Regisseur auf den Thron zu setzen und damit Ihrem Leben mehr Echtheit und Authentizität zu geben?

Die optimale Strategie ist ein Schritt-für-Schritt-Manöver. Sie beschäftigen sich zuerst mit Ihrer Vergangenheit, um die alten Ursachen für Ihre jetzigen Probleme zu finden. Das ist Detektivarbeit. Und wenn Sie diesen Fall gelöst haben, bei dem es durchaus zu seelischem Mord und Totschlag gekommen sein könnte, wenden Sie sich Ihrer Gegenwart zu und feilen ganz praktisch – vielleicht mit unseren Vorschlägen – an Ihrer Mitmenschlichkeit. Hören Sie nicht auf, Fragen zu stellen und nach Antworten zu suchen, denn die Themenfokussierung lässt Ihre Wahrnehmungsantennen immer schärfer werden und wird Sie mit Erkenntnissen belohnen.

Unheimliche Schatten

Wir befinden uns mit den heimlichen Regisseuren schon eine ganze Weile im Schattenreich des menschlichen Unterbewusstseins und bleiben da auch noch. Um wirklich echt und ehrlich und souverän zu werden, ist es nämlich ausgesprochen hilfreich, die Schatten zu sortieren. Mit dem inneren Regisseur, der Gutes will, oder dem externen Regisseur, der Böses will, leben ja nicht nur Hochbegabte, sondern alle anderen auch. Alle! Und das kann eben auch bedeuten, dass ein Hochbegabter ständig mit kleinen Marionetten böser Regisseure zu tun hat, ohne dass man ihnen das gleich ansieht. Jedes unbewusste Abwehrverhalten gehört zum Repertoire dieser Marionetten, und davon gibt es so viele, dass wir ein wenig über die am meisten verbreiteten Schatten des Menschen reden wollen.

Jeder Mensch hat Ängste und Nöte, Eigenwilligkeiten, besondere Veranlagungen, Schwächen und Stärken. Aus diesem Potpourri entstehen individuelle Probleme, Konflikte und Krisen, an denen er wachsen soll und aus denen er herauswachsen soll. Das ist der tiefe Sinn des Erwachsenwerdens. Ob aber jemand seine Herausforderungen meistern will oder nicht, ist jedem Einzelnen überlassen und gibt darüber Auskunft, ob jemand die Verantwortung für sich selbst übernehmen will und übernimmt – egal, ob hochbegabt oder nicht.

In einem individuellen Lebensbereich sind Hochbegabte besonders stark, in einem anderen dagegen äußerst schwach und in einem dritten völlig durchschnittlich – auch das ist nicht anders als bei anderen. Ein Mensch ist niemals so eindimensional, wie er der Einfachheit halber oft gesehen wird. Er besteht aus zahllosen Facetten, kleinen und großen, feinen und groben, hoch entwickelten, unterentwickelten und durchschnittlich ausgeprägten. So gesehen brilliert der Mensch wie geschliffenes Kristallglas, das nur dort trübe und undurchsichtig wird, wo es Verletzungen hat einstecken müssen. Gleichzeitig ist er wie ein buntes Kaleidoskop, das je nach Drehung und Stellung immer neue Bilder zeigt, obwohl die Grundbausteine immer dieselben sind. Im Kaleidoskop hängt das davon ab, welche durcheinanderpurzelnden Bausteine gerade von den winzigen Spiegeln reflektiert werden. Im Leben ist es nicht viel anders.

Jeder Gesprächspartner kitzelt eine andere unserer unzähligen Facetten. Mit dem einen können wir immerzu lachen, mit einem anderen tiefsten Gedankenaustausch haben, mit dem dritten herrlich fachsimpeln, vor dem vierten wollen wir am liebsten davonlaufen, und im Angesicht des fünften gehen wir schneller an die Decke, als wir denken können.

Der Mensch hat nicht nur seine verschiedenen Lebensbereiche, in denen er unterschiedlich veranlagt ist, sich unterschiedlich fühlt und entsprechend unterschiedlich verhält. Er hat im selben Maße verschiedene Lebenspartner, womit auch die Kinder, Kollegen, Freunde und Nachbarn gemeint sind, einfach alle, die ihn ein Stück des Weges begleiten, und auch alle, die ihm einfach eines schönen oder nicht so schönen Tages über den Weg laufen. Nicht der Hochbegabte ist komplex und deshalb kompliziert, sondern der Mensch an sich. Wenn es anders wäre, hätte vermutlich niemand Probleme.

Jeder weiß, wie verschieden Häuser aussehen und gebaut sein können. Manche sind von außen ganz unscheinbar, aber innendrin herrlich. Manche sind sehr repräsentativ, groß, teuer und exquisit, doch innendrin liegt der Staub, und im Keller lagert der Plunder von Jahrzehnten. Aber grundsätzlich sind sie ja alle ziemlich gleich. Wände müssen sein, ein Dach sowieso, Türen und Fenster und auch Treppen, wenn es mehrere Etagen gibt. Jedes Haus hat Zimmer, kleine und große, warme und kühle, mit ganz verschiedenen Lichtverhältnissen, je nachdem, ob sie die Morgen- oder die Abendsonne abbekommen oder immer im Schatten liegen. Bei Menschen ist das sehr ähnlich.

Manche haben ein richtig gutes Fundament und ein solide gebautes, helles, trockenes Untergeschoss, bei anderen blühen dort Feuchtigkeit und Schimmel, und viele haben zwar einen Keller, sind aber noch nie dort hinuntergestiegen, weil er so dunkel ist, dass sie sich fürchten.

Manche gehen immer durch dieselbe Tür hinein und hinaus und haben nie bemerkt, dass ihr Haus noch andere Türen besitzt, die geöffnet werden könnten. Einige warten immer auf die Putzfrau, damit endlich mal sauber gemacht wird, und andere sehen ihren schönen Garten nie, weil sie immer nur aus diesem einen Fenster hinausschauen, vor dem die alte Tanne steht, die schon von den Großeltern gepflanzt wurde.

All diese Metaphern für den Menschen – Kristallglas, Kaleidoskop, Haus und sicher gäbe es noch mehr – entspringen keinem sentimentalen Hang zur Poesie. Im Gegenteil. Sie sind ein sehr probates Mittel für Analysen und vor allem auch Selbstanalysen, weil sie eine eingebaute Distanz haben. Die eingebaute Distanz kennt jeder, und jeder beherrscht sie ohne Mühe.

Wir wissen meistens ziemlich schnell, wen wir mögen und wen nicht, und wer uns einfach kalt lässt, weil er uns nicht berührt. Wir sehen Dinge an Menschen, die wir angenehm oder sogar faszinierend finden. Problematisch wird es erst, wenn wir an jemandem Verhaltensweisen entdecken, die wir unangenehm, unangebracht oder unakzeptabel finden. Dieses Problem wird umso größer, je öfter und intensiver wir mit diesem Menschen zu tun haben. Und am größten ist es, wenn wir unter seiner Verhaltensweise leiden müssen.

Meistens kennen wir jemanden, der sich nach unserer Auffassung in dieser oder jener Hinsicht nicht gut verhält. Wir sehen es deshalb so klar, weil wir Distanz zu ihm haben. Dies ist die eingebaute Distanz des Beobachters. Wir sehen die Fehler des anderen wie große Projektionen eines kleinen Dias an der Wand.

Die Projektion ist eine Meisterleistung unseres Unterbewusstseins, deshalb brauchen wir sie nicht zu üben. Sie ist eine Strategie, die wir gegen den Feind einsetzen, eine sehr nützliche Schutzmaßnahme, denn wir beobachten nicht nur aus der Distanz, sondern halten auch auf Distanz, was unangenehm ist oder unangenehm werden könnte.

Allerdings hat diese Strategie einen großen Haken, und der Fisch, der normalerweise an diesem Haken zappelt, sind wir selbst, ohne es zu merken, weil wir keine Distanz zu uns haben. Die Dias, die wir auf der Wand so groß und bis ins Detail erkennen können, stecken nämlich nicht in irgendeinem Diaprojektor, sondern in uns selbst, und sind so klein, dass wir kaum etwas auf ihnen erkennen können. Und normalerweise sind sie auch so gut weggeräumt, dass wir sie kaum finden können.

Meistens sind unsere Dias sehr alt und lagern im dunklen Keller, weil sie zwar zu unserer Vergangenheit gehören, unsere Gegenwart aber hässlicher machen würden, wenn wir sie heraufholten. Wir lassen sie lieber da unten in diesem Schattenreich, und deshalb stören sie uns weiter nicht. Wir befinden uns schließlich in der hellen Küche, gern im Schlafzimmer oder auch im Kinderzimmer. Sie stören uns immer nur, wenn wir sie im Großformat an den Nachbarn, Freunden, Verwandten und Kollegen sehen. Tatsache ist allerdings, dass wir sie überhaupt nicht wahrnehmen würden, wenn sie nicht zuerst in uns selbst wären.

So funktioniert Projektion: Sie zeigt einen Wesenszug, der in Schach gehalten und schon in frühen Jahren in den Keller eines Individuums befördert wurde, weil er als unakzeptabel angesehen wurde, und zwar nicht nur von den Eltern, sondern von allen, die dem Kind etwas zu sagen hatten. Dieser Wesenszug war nicht erwünscht, er blieb unerwünscht, und manchmal rutschte er sogar in die Zone des Verbotenen hinab.

Wenn jemand einen Menschen unerträglich aggressiv findet, muss er sich also fragen, wie es um die eigene Aggression bestellt ist. Die Behauptung, man selbst wäre nie aggressiv, hätte Aggression nicht nötig und fände sie – bis hin zum Krieg – sowieso ganz schrecklich, gehört zu den Abwehrmechanismen, die deshalb so perfide sind, weil sie so vernünftig erscheinen.

Jeder trägt Aggression in sich, und zwar von Anfang an. Ohne Aggression würden schon sämtliche Spermien auf ihrem Wettlauf zur Eizelle einschlafen und kämen vielleicht nie an. Ohne Aggression würde niemand sagen »ich will« oder »ich will nicht«, es gäbe keine Selbstbehauptung und kein Selbstbewusstsein. Ohne Aggression gäbe es keine Motivation, keine Weiterentwicklungen, keinen einzigen Schritt nach vorn.

Natürlich sprechen wir im Moment von der positiven Seite der

Aggression, dem lateinischen »aggredi«, was nichts anderes heißt, als auf etwas zuzugehen. Mit diesem »aggredi« können wir nicht nur auf alles und jeden zugehen, sondern überhaupt gehen. Für das Menschsein grundsätzlich und für die Lösung von Problemen scheint es kaum etwas Wichtigeres zu geben. Wenn aber das »aggredi« nicht gelernt wurde, agiert der Mensch in einem Trauerspiel, das Carl Gustav Jung schon heftig beklagte: »Es ist oft tragisch zu sehen, auf wie durchsichtige Weise ein Mensch sich selber und andern das Leben verpfuscht, aber um alles in der Welt nicht einsehen kann, inwiefern die ganze Tragödie von ihm selber ausgeht und von ihm selber immer wieder aufs Neue genährt und unterhalten wird. Sein Bewusstsein (...) jammert und flucht über eine treulose Welt, die sich in immer weitere Ferne zurückzieht. Es ist vielmehr ein unbewusster Faktor, der die welt- und selbstverhüllenden Illusionen spinnt. Das Gespinst zielt in der Tat auf einen Kokon hin, in welchem das Subjekt am Ende eingeschlossen ist.«[123]

Ab einem gewissen Alter kann man die Eltern dafür nicht mehr verantwortlich machen. Denn erwachsen zu sein, bedeutet auf der seelisch-geistigen Ebene, dass die realen Eltern durch die inneren Eltern ersetzt werden. Das können ideale Figuren sein, die erlauben, was die realen Eltern einst verboten haben, und befreien, was die realen Eltern einst unterdrückt haben. Darüber hinaus begegnen wir immer wieder Menschen, die uns unangenehm, aber hilfreich sind. Anstatt sie nur zu meiden und heilfroh zu sein, wenn wir sie nicht sehen müssen, sollten wir anfangen, darüber nachzudenken, ob sie uns nicht nur deshalb so unangenehm sind, weil sie uns einen unserer eigenen Schatten zeigen, die wir zu Unrecht noch immer in unserem Keller eingesperrt haben, anstatt sie endlich ans Licht zu holen. Wenn wir also jemanden aggressiv finden und uns ausgeliefert fühlen, müssen wir uns einige unangenehme Fragen stellen:

1. Wie gut können wir uns in welcher Situation selbst behaupten?
2. Wie gut können wir uns in welcher Situation durchsetzen?

3. Wie ist es in welcher Situation um unsere innere Stärke bestellt?
4. Sind wir so sichtbar, dass wir von anderen auch gesehen werden können?
5. Sind wir so hörbar, dass wir von anderen auch gehört werden können?

Als Nächstes müssen wir die Kraft aufbringen, die wahrscheinlich genauso unangenehmen Antworten zu ertragen. Aber damit haben wir den Tatort eingekreist. Das ist ein Etappenziel.

Um eine solche Meisterleistung zu vollbringen, haben manche Menschen ein besonderes Werkzeug mitbekommen. Ihre Intelligenz. Sie müssen sie nur noch benutzen. Der Rest kommt durch die Anwendung der vorhandenen intelligenten Tools fast von allein, vor allem durch die Kombination von Denken und Gestaltungsmotivation.

Wenn ein hochbegabter Mathematiker sagt, na gut, aber meine Intelligenz funktioniert am besten in der Mathematik, so könnte dies die alte Abwehr sein, intelligent verpackt im Mantel der Ratio, um bloß nicht in den eigenen Keller zu müssen. Aber gerade der Mathematiker weiß doch, dass eingleisiges Denken nicht unbedingt zum Ziel führt, dass manchmal neue Wege gedacht und gegangen werden müssen, um endlich die Schönheit mathematischer Klarheit genießen zu können.

Und wenn ein BWLer sagt, Psychokram, so ein Quatsch, weiter kommt man nur mit Daten, Fakten und Gesundschrumpfung, so hat er bereits die Instrumente genannt, die er braucht, um seinen eigenen Keller aufzuräumen und die Schatten wegzufegen. Genau das ist Gesundschrumpfen, seelisch betrachtet, und genau das führt zu Leistungssteigerung bei gleichzeitiger Energieersparnis.

Sobald also jemand behauptet, es ginge nicht, sollten alle Alarmglocken läuten. Denn »es geht nicht« bedeutet Abwehr. Die Kunst, diese letztendlich selbstzerstörerische Abwehr zu überwinden oder auszuschalten, besteht in einem mentalen Transfer. Die Talente, die man im Beruf einsetzt, um ein Ziel in seiner materiellen, seelischen oder geistigen Schönheit zu erreichen und damit für materielle, seelische oder geistige Klarheit zu sorgen, sind genau die Werkzeuge, die man wie eine Laterne mit in den Keller nehmen sollte. Denn mit dieser Laterne ist das kleine, alte, hässliche Dia nicht nur zu finden, sondern auch zu betrachten, zu erhellen und nach einer Weile mit nach oben ins Wohnzimmer zu nehmen.

Wir beherrschen nicht nur die Projektion. Um das kleine oder große Unglück, vor allem die Angst, aus dem Leben zu vertreiben, haben wir ein ganzes Arsenal von Abwehrstrategien,[124] die uns vor der Welt da draußen beschützen sollen, uns aber gleichzeitig auch von uns selber fernhalten, und zwar in einem Maße, dass wir einem enormen Leidensdruck ausgesetzt sein können, der uns regiert, als wären wir Teil eines Schattentheaters.

Aber so wie Hochbegabte ihre Schatten abwehren, machen das die anderen auch. Wenn ein Hochbegabter sich anders fühlt als alle, die er kennt, kann er gleich über zwei Schatten springen. Natürlich soll er sein eigenes Abwehrverhalten überdenken, aber zweitens kann er auch sofort anfangen, darüber nachzudenken, welchem Abwehrverhalten er gerade gegenübersteht und ob er nicht die große Leinwand für ein kleines, böses Dia darstellt, das ein anderer in sich trägt und projiziert hat.

Diese Analyse des Gegenübers vermindert das Gefühl des Andersseins nicht unbedingt. Aber es relativiert das Gefühl des Ausgeliefertseins sofort, weil die Analyse eine wohltuende Distanz gewährt und jemanden, der sich gerade noch unterlegen fühlte, in die Rolle des Regisseurs katapultiert. Gestik, Mimik und auch verbale Attacken lassen sich mental durchdringen und auf die Nöte des Gegenübers zurückführen. Das hilft nicht nur, die Klarheit zu vergrößern und das Bewusstsein zu schärfen, sondern es verlagert auch die eigene Position nach oben und festigt das Selbstwertgefühl.

*Mein Geist ist wie eine sausende Maschine,
die sich in Stücke reißt,
wenn sie nicht mit Arbeitsleistung verkoppelt ist.*

Sherlock Holmes (Arthur Conan Doyle)[125]

Satt werden

Verbale Abwehrstrategien anderer Menschen können schmerzhaft auf ein einziges Persönlichkeitsmerkmal zielen, das zum wunden Punkt wird, wenn man sich nicht zu helfen weiß. Wenn man ihn aber kennt, braucht man noch nicht mal mehr ein Pflaster, weil man weiß, worum es sich in Wirklichkeit handelt und wie man damit umgeht.

Wasser und Brot

Hochbegabte sind berühmt für ihre angebliche Wissbegier, und für einen Außenstehenden sieht dieses Phänomen vielleicht wirklich so aus, mit Gier hat es aber nichts zu tun. Die amerikanische Psychologin Ellen Winner attestiert den Hochbegabten in ihrem Buch *Kinder voller Leidenschaft* sogar »wütende Wissbegierde«,[126] aber mit Wut hat dieses Phänomen noch weniger zu tun. Leider ist die »wütende Wissbegier« mit ihrer hübschen Alliteration ein so prägnanter Begriff, dass er in der Fachliteratur gern zitiert wird und vom Magazin *Spiegel* an ein großes Publikum weitergegeben wurde.[127]

Dieser Begriff ist nicht nur falsch, sondern gefährlich, weil er das unterschwellige Grauen gegenüber *den* Hochbegabten schürt. Wer will schon mit latent aggressiven Menschen zusammen sein, die einen kraft ihrer Intelligenz jederzeit auseinandernehmen und bloßstellen könnten? Wie der Begriff der Intelligenzbestie schürt die »wütende Wissbegier« nur ein ungerechtfertigtes Vorurteil.

Wenn von (wütender) Wissbegier die Rede ist, geht es in Wahrheit um ein existenzielles Bedürfnis nach individueller mentaler Nahrung, das den nun mal vorhandenen neurologischen Grundlagen eines Hochbegabten entspricht.

Auf existenzielle Bedürfnisse reagiert der Mensch mit ihrer Befriedigung, und das hat nichts mit Gier zu tun. Was er benötigt, um zu überleben, sind Luft, Schlaf, Wasser und Brot (Energie), sonst ist sein physisches Leben sehr schnell in Gefahr. Das gilt immer. Bei Hochbegabten kommt jedoch dieses eine substanzielle Bedürfnis nach individueller mentaler Nahrung hinzu. Wenn dieses nicht befriedigt wird, ist ihre seelisch-geistige Dimension bedroht.

Dieses Bedürfnis mit seinen Aspekten des Lernens, Denkens und Erfahrens hat zeitlich und seelisch eine bestimmte Abfolge von insgesamt vier Phasen. Die ersten drei spielen sich meistens im Inneren ab, die letzte im Außen:

1. Das Suchen. Ein x-beliebiges Thema, das sie dann bearbeiten könnten oder sollten, lässt Hochbegabte kalt. Ihr Talent bleibt im Zustand schlafender Energie. Was sie brauchen, ist ein Thema, das ihre Leidenschaft weckt. Es muss neugierig machen und fesselnd sein, und solche Themen liegen nicht immer auf der Straße. Deshalb ist diese Phase oft von Unruhe gekennzeichnet.
2. Das Finden. Sobald sie das Thema gefunden haben, sind Geist und Seele beruhigt. Aber dann muss sofort die Frage beantwortet werden, welchen Stellenwert dieses Thema eigentlich hat. Manchmal geht das schnell und leicht, aber manchmal muss dafür etwas Zeit investiert werden. Auf jeden Fall kann ein gefundenes Thema ein Anlass sein, sich wieder einmal neu zu sortieren und sich selbst zu hinterfragen.
3. Sich binden. Je wichtiger ein Thema zu sein scheint, desto mehr will ein Hochbegabter wissen; je mehr er weiß, desto tiefer wird seine Bindung an das Thema und desto bewusster wird er sich all der verschiedenen Aspekte und Unterthemen, bis das ganze Themenreich in der mentalen Breite, Höhe und Tiefe erschlossen ist,

sodass daraus eine virtuelle Architektur entsteht, die trägt und in der Realität funktioniert oder funktionieren könnte. Das ist eine anregende, oft anstrengende, aber auch sehr konstruktive und deshalb freudvolle Phase.
4. Sich ausdrücken. Wenn sich diese virtuelle Architektur in der Welt verwirklichen darf, weil sie akzeptiert und geschätzt wird, entsteht Freude, die geteilt werden darf.

Freiheit und Sicherheit

Wer diesem mitunter so verschlungenen, oft abenteuerlichen und auch herrlich aufregenden Pfad des Lernens folgt, wandert in den ersten drei Phasen meistens allein. Was in der vierten Phase geschieht, hängt einerseits von der tatsächlichen Tragfähigkeit der Idee und der Kommunikationsfähigkeit des Hochbegabten ab, zum anderen Teil von der Fähigkeit der Außenwelt, das Konstrukt zu verstehen. Darüber muss man sich im Klaren sein.

Was vielen gar nicht so klar ist, ist der hohe Grad an Freiheit, den die ersten drei Phasen brauchen. Und der genauso hohe Grad an Sicherheit. Geistige Freiheit ohne seelische und wenigstens halbwegs materielle Sicherheit gibt es meistens nicht. Beide sind ein Paar, das den Rahmen schafft, in dem das Potenzial eines Hochbegabten aufblühen kann.

Freiheit und Sicherheit haben, auskosten und optimal gestalten zu dürfen, scheint auf den ersten Blick ein Luxus zu sein, ist aber in Wirklichkeit für Hochbegabte essenziell und muss sowohl in den drei internalen als auch in der einen externalen Phase gewährleistet sein, wenn ein Hochbegabter mental säen und ernten und seine Ernte auch noch mit anderen teilen will. Wenn aber von vornherein Freiheit und Sicherheit nicht gegeben sind, kann schon ein junger Mensch mit einem Fuß über dem Abgrund stehen:

IQ 145/w: *Ich hätte ein glückliches Kind in einem beglückenden Gymnasium sein können. Aber all das Wissen, das mir damals aufgezwungen wurde, hat mich viele Jahre lang unglücklich gemacht. Warum? Weil ich behandelt wurde wie eine Gans in der Mastanlage. Ich hatte Wissen zu schlucken auf Teufel komm raus, die Themen waren von oben diktiert, meistens auch langweilig, die Lehrer fast immer autoritär, der Unterrichtsstil weder motivierend noch freundlich, sondern frustrierender, einschüchternder Drill. Jedenfalls für mich. Es gab ein paar Lehrer- und Fächerausnahmen, Deutsch und Kunst, aber das waren Tropfen auf den heißen Stein.*

Niemand lernt gut, wenn er Angst hat. Angst macht eng, sowohl im Kopf als auch im Herzen. Die Angst vor der Nichterfüllung der von außen gestellten Erwartungen und noch mehr die Angst vor den Folgen – Bloßstellung, Beschämung, Liebesentzug – kann die Lust am Lernen völlig unterbinden und sogar in Qual verwandeln. Das gilt für Hochbegabte ganz besonders, wenn sie mit einem Nürnberger Trichter[128] verwechselt werden und damit die Freude des beweglichen Geistes im Keim erstickt wird. Das ist umso schlimmer, als sie nicht nur fähig sind, diese Freude zu erleben, sondern das freudvolle, staunende Entdecken auch brauchen wie ein Grundnahrungsmittel, um sich lebendig zu fühlen. Wenn dieses Abenteuer durch Zwang verhindert wird, bleiben Menschen stehen. Für Hochbegabte, die auf geistige Bewegung angewiesen sind, ist das tragisch.

Die Folgen dieses Stehenbleibens hat Einstein vor fast hundert Jahren gesehen: »Das Schönste, was wir erleben können, ist das Geheimnisvolle. Es ist das Grundgefühl, das an der Wiege von wahrer Kunst und Wissenschaft steht. Wer es nicht kennt und sich nicht mehr wundern, nicht mehr staunen kann, der ist sozusagen tot und sein Auge erloschen.«[129]

Auf seine poetische Art hat Einstein erklärt, was mentale Beweglichkeit und Bewegung mit der Vorstellungskraft zu tun hat. »Ich bin Künstler genug, um frei aus meiner Imagination zu schöpfen. Imagination ist wichtiger als Wissen. Denn Wissen ist begrenzt. Aber Imagination umrundet die Welt.«[130]

Werden Hochbegabte zu oft oder dauerhaft gehindert, sich mit und in ihrer Imagination zu bewegen, geraten sie in Not. Ausdruck dieser Not sind Verdrängung, Blockaden, Verweigerung, Depression und oft sogar psychosomatische Störungen als Begleiterscheinung, auch schon in frühen Jahren. Die Not, die Hochbegabte erleiden, wird für die Umwelt unangenehm spürbar, wenn sie sich gegen das subjektiv erlebte Leid wehren, das ihnen von außen zugefügt wird – das ist das typische Verhalten mancher hochbegabter Jungen. Die Not bleibt aber oft auch im Verborgenen, wenn ein Hochbegabter nur die Möglichkeit sieht, sich so stark anzupassen, dass er Gefahr läuft, sich selbst zu verlieren – das ist das typische Verhalten mancher hochbegabter Mädchen. Dass mit dem von oben diktierten Lernen in der Schule die geistige Kreativität kontinuierlich reduziert wird, bis dann spätestens in der Universität gar nichts mehr davon übrig geblieben ist, ist immer wieder beklagt worden. Wer dies oft schon in der ersten Klasse erkennt, hinterfragt und dagegen rebelliert, sind hochbegabte Kinder, meistens die Jungen, die sich gegen den Verlust ihrer Freiheit, Freude, Beweglichkeit und Kreativität beim Lernen manchmal vehement wehren, weil sie seelisch-geistig zu ersticken drohen. Anstatt mit pädagogischem Know-how und neuen Ideen zu überlegen, wie man ihnen in einem strukturierten System genau das geben könnte, was ihren Motor ausmacht, werden sie meistens als aufsässig und renitent abgeurteilt.

Mentaler Hunger

Aber selbst wenn geistige Freiheit und seelische Sicherheit gewährleistet sind, gibt es eine Phase, die problematisch sein kann: die des Suchens. Wenn ein Thema, das eine neue geistige Lieblingsspeise werden könnte, einfach nicht gefunden wird, kann große geistige Unruhe entstehen, weil der Geist zu verhungern droht. Diese Bedrohung kann durchaus als existenziell empfunden werden. Mit Wut oder Gier hat das nichts zu tun, eher mit seelisch-geistigen Magenschmerzen, wenn die richtige Nahrung fehlt.

IQ 145/w: *Mein Gehirn hat erst angefangen, freudvoll zu arbeiten, als ich von etlichen Autoritätspersonen befreit war. Als ich mir selber aussuchen durfte, was ich lernen wollte. Wenn ich ein Thema gefunden habe, lerne ich gerne. Der Motor läuft an, der Geist kommt in Fahrt, die Entdeckungsreise beginnt. Aber es muss schon reizvoll sein, ein befriedigendes Projekt. Mitunter ist das ein Problem. Es ist wie Hunger. Hunger tut weh, und wenn ich Hunger habe, hört der Spaß auf.*

Ich kann Projekte nicht aus dem Boden stampfen, aber nichts wäre mir lieber. Denn ich brauche Projekte wie die Luft zum Atmen.

Ich brauche Projekte, um mich richtig zu freuen und mich richtig lebendig zu fühlen. Die Frage ist immer: Wo finde ich Projekte, die spannend, herausfordernd, befriedigend, sinnvoll und wie für mich gemacht sind?

Etwas anderes will ich nämlich nicht.

Ich will mich bewegen.

Ich will mich freuen, weil ich meine goldene Mitte fühle.

Meine goldene Mitte, die seit jeher nicht in der Mitte liegt.

Sie liegt am Rand. Am Horizont dessen, was ich sehen kann. Genauer gesagt, sie liegt noch ein bisschen dahinter, und da muss ich hin, um in meine Mitte zu kommen, satt zu werden und Freude zu haben.

Manchmal fühle ich mich wie ein gespannter Bogen, der nur locker lässt, wenn der Pfeil losgeflogen und auf dem Weg ist. Wenn er sein Ziel erreicht hat, ist es gut. Für eine kleine Weile ist der Hunger gestillt. Er ist tatsächlich still.

Mein Geist will erobern.

Er will Brillanz.

Nervenkitzel.

Thrill.

Innerer Frieden

Natürlich entspringt die vorangegangene Innenschau einer subjektiven Gefühlswelt, die jeder ein bisschen anders erleben wird. Aber das Phänomen des Hungers und die Notwendigkeit seiner Befriedigung um des inneren Friedens willen gelten prinzipiell immer und entsprechen den Gaben, die ein Mensch mitbekommen hat.

Wenn es eine Studie über Handwerkerasse gäbe, käme dabei vielleicht heraus, dass es gemessen an der Gesamtbevölkerung nur zwei bis drei Prozent sind. Jemand, der handwerklich sehr begabt ist, hat nicht nur Lust auf sein Handwerk, er empfindet auch Lust, während er es ausübt. Und er übt es gern aus, weil er es gut kann, ohne viel üben zu müssen. Er hat nicht nur das Talent. Er ist gleichzeitig auch noch mit der – psychologisch ausgedrückt – intrinsischen Motivation gesegnet, es zu tun. Er folgt nicht nur bereitwillig, sondern freudvoll und fasziniert einem inneren Ziel, weil er zwei rechte Hände hat, die nicht nur etwas tun möchten, sondern auch etwas gestalten wollen. Ohne dass er sich sonderlich abmühen müsste, erreicht er mit seinem Talent Dinge, zu denen jemand mit zwei linken Händen nicht in der Lage wäre. Und selbst wenn er sich Mühe gibt, etwas noch besser zu beherrschen, fühlt er die Mühe kaum, weil die Freude überwiegt.

Ein kognitiv Hochbegabter hat dasselbe Ziel wie ein Handwerkerass. Er will sein Talent erleben, er will sich gemäß seinem Talent ausdrücken, und er will inneren Frieden. In dieser Hinsicht unterscheiden sich die Hochbegabten nicht von allen anderen Begabten und Talentierten. Sie haben ein Talent, das außergewöhnlich ist. Wenn man sie gewähren lässt und sie dabei von Anfang an liebevoll unterstützt, diesen Rohdiamanten – und nichts anderes ist ein Talent am Anfang – zu schleifen, kann er später auch funkeln und brillieren, Freude bereiten und glücklich machen.

Wenn von der geistigen Unterforderung als einer der großen Problemquellen für Hochbegabte gesprochen wird, heißt das, dass der Geist angemessen gefordert werden muss. Aber was ist angemessen?

Eben! Individueller geht's kaum. *Den* Wissensdurst gibt es nicht, es geht auch nicht um Quantität, sondern um Qualität. Deshalb ist die Frage nach der richtigen geistigen Nahrung wesentlich, und dafür gibt es in jedem Leben Indizien, vor allem die lauten und manchmal auch die viel zu leisen Glücksgefühle, die mit bestimmten Tätigkeiten und Themen zusammenhängen. Das Glück, die Freude, das Vergessen der Zeit und die Selbstvergessenheit sind die wichtigsten Wegweiser, um die Art von Mentalspeise zu erkennen, die ein Mensch braucht.

Es gibt allerdings auch Wegweiser, die in vollendetem Kontrast dazu stehen, weil sie so erschreckend sind, dass man sofort die Augen schließt. Sie gehören zum Dunkelsten, das unser Schattenreich zu bieten hat. Diese Wegweiser nicht nur zu betrachten, sondern auch zu verstehen, ist eine Überforderung für die allermeisten Menschen. Für Hochbegabte aber auf keinen Fall.

Die Interpretation von Träumen und Symbolen erfordert Intelligenz. Sie kann nicht in ein mechanisches System verwandelt werden, das man dann in phantasielose Hirne stopft. Sie erfordert sowohl eine wachsende Kenntnis der individuellen Persönlichkeit des Träumers als auch eine zunehmende Selbstkenntnis auf Seiten des Interpreten.

Carl Gustav Jung[131]

Wach werden

Mitten im Reich der Schatten gibt es eine sehr praktische, ganz kostenlose und extrem bereichernde Überraschung – eine Quelle, aus der jeder schöpfen kann, der auf der Suche nach Selbsterkenntnis ist. Er muss nur wissen, wie, denn das Wasser dieser Quelle rinnt so schnell durch die Finger, dass es schon fast wieder verschwunden ist, bevor wir genauer hinsehen können. Um es festzuhalten, braucht es aber gar nicht viel: ein Schreibheft und einen Stift, eine Portion Aufmerksamkeit, eine genauso große Portion Beharrlichkeit und die Offenheit für neue Perspektiven. Fertig.

Wir sprechen von Träumen, denn sie sind alles andere als Schäume. Sie zerplatzen zwar meistens wie Seifenblasen, sobald wir erwachen, andererseits sind sie die großen Wegweiser inmitten der Irrungen und Wirrungen, denen wir immer wieder ausgesetzt sind. Die schönen Träume lassen wir hier beiseite und schauen uns nur die hässlichen an, denn es gibt kaum etwas, das uns noch klarer sagt, wer wir sind und was wir wünschen.[132]

Aber fangen wir vorne an! Die American Academy of Sleep Medicine (AASM) weist in ihrer Internationalen Klassifikation der Schlafstörungen (ICSD – International classification of sleep disorders) darauf hin, dass 10 bis 50 Prozent der Kinder zwischen drei und fünf Jahren von Albträumen heimgesucht werden. Genauer kann die Angabe natürlich nicht sein, erstens, weil Kinder erst ab dem 3. oder 4. Lebensjahr anfangen können, verständlich zu erzählen,[133] was sie geträumt haben, zweitens, weil Eltern nicht jeden Albtraum mitbekommen, und drittens, weil ältere Kinder ihre Albträume oft auch für sich behalten. Etwa 75 Prozent der Erwachsenen können sich allerdings wenigstens an einen oder einige Albträume in ihrer Kindheit erinnern. Fast die Hälfte gibt zu, gelegentlich einen Albtraum zu haben, und ein Prozent aller Erwachsenen hat nach Angaben der ICSD mindestens einen Albtraum pro Woche.[134]

Die Unsicherheit in den quantitativen Angaben ist groß, weil die Verdrängung so stark ist. Weder will man Albträume haben noch will man sich mit ihnen beschäftigen, wenn es nicht unbedingt nötig ist.

In einer bemerkenswerten Studie von Michael Schredl und Ruth Pallmer über *Geschlechtsspezifische Unterschiede in Angstträumen von Schülerinnen und Schülern* zwischen 10 und 15 Jahren mit 605 Probanden wurde nach den Themen der Träume gefragt. Es kamen sämtliche Schrecklichkeiten vor, die man sich vorstellen kann. Der Traum, der als schlimmster erlebt wurde, war für 31,8 Prozent die Verfolgung (28,4 Prozent der Jungen und 35,7 Prozent der Mädchen).[135] Ausgerechnet dieses schlimmste Thema wird mit über 42 Prozent auch am häufigsten geträumt, gefolgt von etwas Beängstigendem mit 19,7 Prozent, dem Tod anderer mit 14,4 Prozent und dem eigenen Tod mit 12,6 Prozent.[136] Wie geht man damit um?

Angst

Es gibt einen Weg, der sich IRT nennt, Imagery Rehearsal Therapy,[137] wobei der Patient lernt, das Drehbuch seines Albtraums umzuschreiben. Gerade in der direkten Auseinandersetzung mit der Traumangst wird die Voraussetzung für eine deutliche Reduktion der Angstträume gesehen. Das Prozedere dieser kognitiven Albtraumtherapie geht so:

1. Konfrontation: Aufschreiben oder Zeichnen des Traumes,
2. Bewältigung der Albtraumsituation: Neues Traumende schreiben oder das Bild mit etwas ergänzen, das zur Angstreduktion beiträgt,

3. Trainieren der Bewältigungsstrategie zwei Wochen lang 5 bis 10 Minuten täglich.[138]

Im Wachzustand stellt sich der Patient also einen seiner Albträume vor und erfindet ein neues, starkes Verhalten für eine angsteinflößende Situation. Anstatt also wieder wegzulaufen, spricht er den Bösewicht an oder erfindet Flügel, die ihm wachsen, sodass er nicht wieder in die Tiefe fällt. Dies übt er, bis er die neue Verhaltensweise so verinnerlicht hat, dass er sie im Idealfall auch auf der Traumebene anwenden kann.

Für die *Medical Tribune* ist die IRT »momentan der wahrscheinlich wichtigste Ansatz zur Therapie von Alb- bzw. Angstträumen«.[139] Im Zentrum der IRT steht die Angst, die man auf kreative Weise loswerden will. Der IRT geht es nicht um Ursachenforschung und es geht ihr erst recht nicht um die Frage, wozu ein bestimmter Albtraum eigentlich gut sein soll, sondern um praktische Effektivität. Sie »ist einfach anzuwenden, und die Wirksamkeit ist empirisch überprüft«, lobt deshalb der Schlafforscher Schredl.[140] Aber diese Art von kognitiver Verhaltenstherapie bekämpft nur Symptome und erinnert zudem auch unangenehm an den dressierten Pawlowschen Hund, dem immer die Spucke im Maul zusammenlief, wenn er ein Glöckchen hörte, nur weil er gelernt hatte, dass Futter bereitsteht, sobald die Glocke ertönt.[141] Deshalb ist diese Art der Therapie für Menschen, die Antworten auf ihre Fragen brauchen, eher unbefriedigend und benötigt zudem einen professionellen Begleiter. Wir halten mehr von Ursachenforschung und gehen einen anderen Weg, den wir für vielversprechender halten, weil er nicht nur aus einem Albtraumthema hinausführt, sondern ganz konstruktiv in die Entdeckung und Nutzung des intelligenten Selbst hineinführt.

Albträume gehören zu den nichtorganischen Schlafstörungen. Präzise klassifiziert der ICD-10 sie als »Schlafstörungen, bei denen emotionale Ursachen als primärer Faktor aufgefasst werden und die nicht durch anderenorts klassifizierte körperliche Störungen verursacht werden«. Er beschreibt sie als »Traumerleben voller Angst oder Furcht, mit sehr detaillierter Erinnerung an den Trauminhalt. Dieses Traumerleben ist sehr lebhaft, Themen sind die Bedrohung des Lebens, der Sicherheit oder der Selbstachtung. Oft besteht eine Wiederholung gleicher oder ähnlicher erschreckender Albtraumthemen«.[142]

Auch ohne die Definition des ICD-10 ist klar, dass ein Albtraum eine Störung ist, nicht nur im Schlaf, sondern auch im Leben, denn er verunsichert zutiefst, weil er Ohnmacht, Hilflosigkeit und Angst hervorruft. Und diese Gefühle haben uns auch nach dem Erwachen noch eine ganze Weile so fest im Griff, dass wir sie am liebsten ganz schnell wieder abschütteln, indem wir den Albtraum möglichst rasch wieder vergessen. Michael Schredl und Ruth Pallmer fanden in ihrer Studie heraus, dass im Umgang mit schlechten Träumen – Erzählen, Aufschreiben, Malen – ausgerechnet das Vergessen mit rund 40 Prozent an erster Stelle stand.[143] Die Reaktion ist zwar verständlich, konstruktiv ist sie nicht. Denn wer vor seinem Albtraum am liebsten davonlaufen möchte, wollte im Wachsein schon dasselbe tun.

Meistens vergessen wir ja all die kleinen Dinge, die uns gerade nicht so wichtig sind. Das Vergessen der Träume hat aber ganz andere Gründe. Es geschieht, weil unser Bewusstsein nichts mit ihnen zu tun haben will, weil unsere Ratio mit ihrer surrealen Wirklichkeit nichts anfangen kann, und es geschieht vor allem, weil der Gegenstand des Vergessens das, was wir für unser Ich halten, heftig ins Wanken bringt. Das muss mit allen Mitteln verhindert werden, und das Vergessen eignet sich perfekt dafür. In Wirklichkeit ist es aber die Verweigerung hinzusehen, damit wir so weiterleben können wie bisher. Deshalb wiederholen Albträume sich. Sie geben nicht so leicht auf. Sie kommen immer wieder.[144]

Stillstand

Albträume kommen so lange wieder, bis man sie nicht mehr vergessen kann. Und dann? Ganz anders als bei der IRT kann man enorm von ihnen profitieren, wenn man weiß, wie man mit ihnen umgehen muss. Aber um das zu klären, schauen wir uns erst mal an, wie man es nicht machen darf, wenn man mit sich vorwärtskommen will.

IQ 145/w hatte seit ihrer Jugend zwei Albträume, die ihr so manche Nacht vergifteten: *Der eine Traum war jedes Mal gleich und spielte sich in meiner Schule ab, einer Nonnenschule mit großem Kloster, kleiner Kirche, eigenem Schwimmbad, schönem Garten und 1500 Mädchen mitten in der Stadt. Die Anlage war riesig. Dennoch konnte man sich nicht verlaufen, alles war übersichtlich gegliedert, auch ohne Wegweiser war klar, wo die Kleinen ihre Klassenzimmer hatten und wo die Großen, wo die Frauenoberschule angesiedelt war, wo der sozialwissenschaftliche Zweig und wo der neusprachliche.*

Wenn ich von meiner Schule träumte, sah sie genauso aus wie in Wirklichkeit.

Wenn ich von meiner Schule träumte, dann immer vom ersten Tag eines neuen Schuljahrs.

Alle waren aufgeregt. Alle wollten wissen, wo sich ihr neues Klassenzimmer befand. Die langen Gänge mit den vielen Türen waren bis unter die Decke voll von nervöser Unruhe, erwartungsvoll schnellen Schritten und ausuferndem Mädchengeschnatter. Dazwischen die erfolglosen Ordnungsrufe von Lehrern, die in diesem saftigen Durcheinander untergingen. Niemand hörte sie, jede wollte ihren Raum finden und ihren Lieblingsplatz ergattern.

Ich auch.

Aber das Durcheinander fühlte sich nicht aufgeregt und fröhlich an, sondern erschreckend und heillos. Ich ging einsam und verlassen zwischen den anderen. Ich sprach mit niemandem, und niemand sprach mit mir. Niemand sah mich an. Niemand sah mich.

Langsam lichteten sich die Gänge. Eine nach der anderen hatte ihr Ziel erreicht und verschwand durch eine Tür. Nur ich wusste immer noch nicht, wo ich hin musste. Ich wusste nicht einmal, wie meine neue Klasse hieß (obwohl das in Wirklichkeit überhaupt kein Problem war, denn auf die N10 folgten logischerweise die N11, die N12, die

N13. *Nur im Traum existierte diese Logik nicht). Ich irrte durch die sich leerenden Gänge, immer schneller, überflog hektisch die Schilder, die neben den Türen angebracht waren, entdeckte kein einziges bekanntes Gesicht, niemanden, den ich fragen konnte, wo waren sie bloß alle?*

Zum Schluss war ich die Einzige, die noch immer ihr Klassenzimmer suchte.

Die Gänge waren menschenleer.

Die Türen hatten sich geschlossen.

Es herrschte Stille.

Alle hatten ihr Ziel erreicht, nur ich nicht.

Der andere Traum spielte immer in einer fremden Stadt, und jedes Mal in einer anderen. Was immer gleich blieb, war die ständige Bewegung, zu Fuß, mit Straßenbahnen, über Rolltreppen, durch Drehtüren, in Aufzügen.

Ich musste zum Flughafen. Die Zeit bis zum Abflug war kurz, und ich war spät dran. Ich war nervös. Ich musste den Flieger erreichen. Unbedingt diesen. Ich war unterwegs zum Flughafen. Ich fing an, meinen Personalausweis zu suchen, aber er war verschwunden. Ich suchte mein Geld, aber mein Portemonnaie war weg. Schließlich merkte ich, dass ich noch nicht einmal mein Flugticket bei mir hatte.

Plötzlich befand ich mich in irgendwelchen Mehrbettzimmern, manche mit vier, andere mit sechs Betten. Auf den Betten saßen fremde Leute, Jugendliche, die sich nicht weiter über meine plötzliche Anwesenheit wunderten. Manche schauten zu, wie ich unter ihren Betten und in ihren Schränken verzweifelt nach meinen Sachen suchte. Irgendwann standen sie auf und gingen zum Mittagessen. Niemand half mir. Mein Flieger war gestartet. Ich wusste nicht, wo ich war.

IQ 145/w fand diese Träume des einsamen Irrens, die nach Michael Schredl und Ruth Pallmer 4,3 Prozent der Jungen und 0,5 Prozent der Mädchen[145] befallen, nicht nur furchtbar, sondern auch völlig überflüssig – eine überspitzte Illustration hartnäckiger Probleme, die ihr ja sowieso relativ klar waren. Ihre Träume erzählten ihr also nichts Neues. Dennoch versuchte sie jahrelang, ihnen einen verborgenen Sinn abzuringen. Aber vergeblich, dieses Rätsel schien unlösbar zu sein:

IQ 145/w: *Ich konnte sie interpretieren, aber geholfen hat das überhaupt nicht, denn sie kamen ja wieder. Die einzige Erkenntnis, die ich hatte, war, dass meine Erkenntnisse nicht ausreichen, um meine Albträume loszuwerden. Dabei gab es Jahre, in denen ich Freuds Traumdeutung – oder was ich dafür hielt – so faszinierend fand, dass ich ständig meine eigenen Träume oder die von anderen analysierte und interpretierte. Das war zwar spannend, doch für die Lösung meiner realen Probleme brachte es gar nichts, und schließlich verschwand Freuds Traumdeutung in der Versenkung.*

Der Fehler, den IQ 145/w gemacht hatte, war, dass sie all ihre klugen Gedanken immer um das negative Gefühl des Verlassen- und Verlorenseins hatte kreisen lassen. Dabei hatte sie aufgrund ihrer Analysen ähnliche Erklärungen gefunden wie Patricia Garfield, US-amerikanische Psychologin und Traumforscherin, die ein Buch über kindliche Träume geschrieben hatte.[146] Garfield interpretierte die Traumerlebnisse als die Probleme, die ein Kind im wirklichen Leben hatte. Heraus kamen kluge Bildanalysen, alle Albträume waren Metaphern:

Thema des Traumes	**Emotionale Situation des Kindes im Wachleben**
Verfolgung/Angriff	Ich fühle mich unter Druck, ein Problem bedrückt mich.
Verletzung/Tod	Ich fühle mich seelisch verletzt/vernichtet.
Verletzung/ Tod von anderen	Ich habe Angst um jemanden/Angst, jemanden zu verlieren.
Beschädigung/ Verlust von Eigentum	Ich fühle mich schuldig, ich habe etwas Wertvolles verloren.
Sich verirren	Ich fühle mich im Stich gelassen, ich finde mich nicht mehr zurecht.

Etwas misslingt immer wieder	Ich fühle mich frustriert.
Gelähmt/eingeschlossen sein	Ich finde keinen Ausweg aus meinem Problem.
Fallen	Ich habe den Boden unter den Füßen verloren. Ich bekomme nicht genügend Unterstützung von anderen.
Schulprüfung	Ich fühle mich auf dem Prüfstand. Ich fühle mich unvorbereitet.
Katastrophen	Ich werde von meinen Problemen überwältigt.
Fahrzeugunfall	Meine Lebenssituation ist außer Kontrolle geraten.
Entführung	Ich fühle mich in meiner Position verunsichert.
Zu spät kommen	Ich habe eine Gelegenheit versäumt.
Nackt in der Öffentlichkeit	Ich fühle mich bloß. Ich fühle mich anderen ausgesetzt.

Sich im Traum zu verirren und sich dabei so allein zu fühlen wie IQ 145/w, war also nach Garfields Interpretation im Wachleben das Gefühl, im Stich gelassen zu werden. Was IQ 145/w darüber hinaus wissen wollte, war zweierlei. Warum teilen Träume einem etwas mit, was man nach einigem Nachdenken sowieso schon weiß? Und was hat man davon?

Freuds Revolution

Das Alleinsein zu akzeptieren und sich damit zu arrangieren, ist keine Lösung. Es ist eine Sackgasse, weil es Resignation bedeutet. Und es bedeutet Stagnation, die gerade für Hochbegabte Gift ist. Aus dieser Sackgasse kam IQ 145/w nur heraus, weil ihr nach Jahren zufälligerweise wieder ein Buch von Freud in die Hände fiel. Sie fing an zu schmökern und hörte so bald nicht wieder auf, denn plötzlich ging ihr ein Licht auf, das zu einer Revolution führte. Wir wollen diese etwas längere Geschichte nicht unterbrechen, weil die Veränderung der Einstellung gegenüber den eigenen Albträumen so nachvollziehbar erzählt wird, dass jeder Leser sie als Anleitung nutzen kann.

IQ 145/w: *Vor einiger Zeit traf ich überraschenderweise meinen alten Freund Freud wieder. Auch ohne IQ-Test ist klar, dass er zur Spezies der Hochbegabten gehört. Er ist inspiriert und inspirierend, kritisch, eigenwillig, revolutionär, völlig frei im Denken, dabei aber so sorgfältig analysierend, dass ich ihn sehr, sehr mag. Bis auf die Tatsache, dass er immer so uferlos weit ausholt, wenn er mir etwas erklären will, und mir ständig die äußerste Geduld abverlangt.*

Kein Wunder also, dass ich ihn nur halbwegs kannte. Deshalb war mir auch seine Traumdeutung vom 4. November 1899, die er bei unserer letzten Begegnung aus der Tasche zauberte, völlig neu. Gezielt schlug er sie an einer Stelle auf und las mir den Traum vor, den er in der Nacht vom 23. auf den 24. Juli 1895 gehabt hatte. »Von Irmas Injektion« nannte er diesen berühmtesten seiner Träume.[147]

Ich war etwas verunsichert. Mir war völlig unklar, warum er jetzt mit diesem Traum daherkam. Aber er ist für mich eine echte Autorität, deshalb wartete ich erst mal ab.

Am Ende des zweiten Kapitels hatte Freud seinen Traum vollständig analysiert und sagte: »... sein Inhalt ist also eine Wunscherfüllung, sein Motiv ein Wunsch«.[148]

»Okay«, antwortete ich zögerlich und hatte mehr als ein Fragezeichen im Kopf.

Hocherfreut las er mir den Titel seines dritten Kapitels vor:
»Der Traum ist eine Wunscherfüllung«
Ich hörte ihm kaum noch zu, weil mir diese Behauptung dann doch etwas zu weit ging und ich dringend darüber nachdenken musste.

Erst als er beim ersten Satz des vierten Kapitels angekommen war, nahm ich meinen alten Freund wieder wahr, denn was er von sich gab, war mehr als heftig.

Er sagte: »Wenn ich nun die Behauptung aufstelle, dass Wunscher-

füllung der Sinn eines jeden Traumes sei, also dass es keine anderen als Wunschträume geben kann, so bin ich des entschiedensten Widerspruches im Vorhinein sicher.«[149]

Ich nickte wild, denn mein Widerspruch war mehr als entschieden. Meine Träume waren schließlich das exakte Gegenteil von Wunschträumen!

Eine Weile betrachtete er mich nachdenklich. Als er weitersprach, lächelte er, weil er natürlich längst gemerkt hatte, wie sehr ich ins Grübeln gekommen war. »Wir dürfen«, sagte er bedächtig, »als die Urheber der Traumgestaltung zwei psychische Mächte im Einzelmenschen annehmen, von denen die eine den durch den Traum zum Ausdruck gebrachten Wunsch bildet, während die andere eine Zensur an diesem Traumwunsch übt und durch diese Zensur eine Entstellung seiner Äußerung erzwingt.«[150]

»Ich habe einen Zensor in mir?«, fragte ich entgeistert.

Er nickte erfreut, dann fuhr er fort: »Es fragt sich nur, worin die Machtbefugnis dieser zweiten Instanz besteht, kraft derer sie ihre Zensur ausüben darf. Wenn wir uns erinnern, dass die latenten Traumgedanken vor der Analyse nicht bewusst sind, der von ihnen ausgehende manifeste Trauminhalt aber als bewusst erinnert wird, so liegt die Annahme nicht ferne, das Vorrecht der zweiten Instanz sei eben die Zulassung zum Bewusstsein. Aus dem ersten System könne nichts zum Bewusstsein gelangen, was nicht vorher die zweite Instanz passiert habe, und die zweite Instanz lasse nichts passieren, ohne ihre Rechte auszuüben und die ihr genehmen Abänderungen am Bewusstseinswerber durchzusetzen.«[151]

»Also ein Zensor, der die Tatsachen verdreht?«

Wieder nickte er.

»Aber was ist mit den Albträumen? Wie können die denn als Wunscherfüllung verstanden werden?«

Seine Antwort musste ich ein bisschen in neues Deutsch übersetzen, denn Dr. Freud spricht noch immer von peinlich, wenn er schmerzhaft meint, und Albträume sind für ihn eindeutig peinliche Träume. Aber darüber hinwegsehend, war seine Antwort frappierend.

Er sagte nämlich: »*Dies ist möglich, wenn eine Traumentstellung stattgefunden hat, wenn der peinliche Inhalt nur zur Verkleidung eines erwünschten dient. Mit Rücksicht auf unsere Annahmen über die zwei psychischen Instanzen können wir jetzt auch sagen, die peinlichen Träume enthalten tatsächlich etwas, was der zweiten Instanz peinlich ist, was aber gleichzeitig einen Wunsch der ersten Instanz erfüllt. Sie sind insofern Wunschträume, als ja jeder Traum von der ersten Instanz ausgeht, die zweite sich nur abwehrend, nicht schöpferisch gegen den Traum verhält. Beschränken wir uns auf eine Würdigung dessen, was die zweite Instanz zum Traum beiträgt, so können wir den Traum niemals verstehen.*«[152]

Ich starrte ihn an, ohne etwas sagen zu können.

Genau das hatte ich getan. Ich hatte mich auf die Betrachtung der zweiten Instanz beschränkt, die mir all die Angst beschert hatte. Mein Gehirn arbeitete auf Hochtouren. Welchen Wunsch hatte diese zweite Instanz mit ihrem unguten Gefühl denn überdeckt? Und welchen Wunsch hatte ich mir denn zu erfüllen? Mit Müh und Not hatte ich diese beiden Fragen formuliert, um sie dem Experten zu stellen, als ich bemerkte, dass Dr. Freud sich entfernt hatte. Ganz leise stand er da unter den sommerlich grünen Bäumen eines Wiener Stadtparks und winkte mir freundlich zu. Schade, dachte ich. Aber mir war klar, dass Freud zu den Menschen gehört, die sich nicht gern festhalten lassen.

Ich beschloss, mir meine Träume noch einmal anzusehen. Um bessere Klarheit zu bekommen, schrieb ich sie auf. Und fing an zu staunen. Unter den neuen Vorzeichen des Wunsches ergaben sich völlig neue Aussagen:

Dann war es mein Wunsch, in keinem einzigen all dieser Klassenräume zu landen.

Dann war es mein Wunsch, dass die Tür sich nicht hinter mir schließt.

Dann war es mein Wunsch, weiterzugehen, mich zu bewegen.

Dann wollte ich kein vorgeschriebenes Ziel haben, um mich ausschließlich darauf und auf nichts anderes mehr zuzubewegen. Ohne Scheuklappen.

Dann wollte ich zwar nicht einsam sein, aber allein.

Dann wollte ich nicht mit allen anderen in diesem einen Flugzeug mitreisen, sondern allein und woandershin.

Dann wollte ich nicht von vier Wänden umschlossen, sondern unterwegs sein.

Dann wollte ich nicht diese Sicherheit haben, sondern die Freiheit.

Irgendwie kam mir das alles bekannt vor. Als hätte ich es schon immer gewusst, ganz unterschwellig, ohne es packen zu können, und es fühlte sich gar nicht so übel an. Niemand soll glauben, ich sei ein Abenteuertyp. Eigentlich bin ich eher das Gegenteil. Aber es gibt da eine Ausnahme, die zieht sich wie ein roter Faden durch mein Leben und scheint das Ziel zu sein, das ich immer gesucht habe, und zugleich der Wunsch, den ich mir erfüllt habe und immer noch erfülle.

Es ist mein Wunsch, in Freiheit zu leben.

Es ist mein Wunsch, in Freiheit zu arbeiten.

Es ist mein Wunsch, in Freiheit zu denken.

Was ich will und wann ich will.

Ohne, dass mir jemand sagt, dass ich soll und wann ich soll.

All das hätte ich innerhalb eines Schwarms kaum realisieren können, meine Begabung, meine Struktur, mein Selbst. Und all meine Wunschträume hätte ich ohne die Hilfe dieses genialen alten Wieners vielleicht nie erkannt. Wenn er mir nicht den entscheidenden Kick gegeben hätte, hätte ich wahrscheinlich nie verstanden, was diese Furcht einflößenden Albträume in Wirklichkeit sind. Sie sind wie die Kindheitserinnerungen. Kostbarkeiten.

Verwandlung

Der wesentliche Schritt muss aktiv sein, wirklich aktiv, konstruktiv, bewusst und willentlich sein, wenn die Albträume nicht wiederkommen sollen. Das Hauptproblem bei der Interpretation von Traumszenen sind ja die schrecklichen Gefühle, die sie in uns erzeugen. Was Freud gemacht hat, war, sie völlig auszuschalten, weil nur dann ein klarer Blick auf die Fakten möglich ist. Und was er auch noch getan hat, war, konsequent alle Ängste in Wünsche zu verwandeln. Das war revolutionär und hat sich seit Langem bewährt.

Für IQ 145/w bedeutete Freuds Methode, endlich damit anzufangen, das Alleinsein positiv zu bewerten, und zwar als einen luxuriösen Zustand, in dem jede Art von individuellem mentalen Bewegungsdrang erlaubt ist und in dem jede Art virtueller Bewegung nicht nur wünschenswert, sondern machbar, produktiv und schöpferisch ist und sein darf.

Und damit bewegen wir uns endgültig zu den Wünschen, die wir im hintersten Winkel unseres Selbst aufbewahrt oder sogar versteckt haben, weil wir es uns selbst irgendwann aus einem damals plausiblen, aber heute völlig unrealistischen Grund verboten haben. Wer zum Beispiel schon immer einen Traumberuf hatte, der sich aus allerlei Sachzwängen und sonstigen rationalen Gründen nicht verwirklichen ließ, sollte alle Hebel in Bewegung setzen, um sich genau diesen Traum zu erfüllen. Wer – wie IQ 145/w – ein angepasstes Mädchen war, das zu einer anpassungswilligen Frau wurde, um möglichst immer und überall mit dem Schwarm zu schwimmen, muss alle Hebel in Bewegung setzen, um Herr der Angst und der erlernten Hilflosigkeit zu werden, die dahinterstecken und aus einer Zeit stammen, die vorbei ist. Es gibt viele Gründe, ausgetretene Pfade zu verlassen, unbekannte, andere, neue Wege zu gehen und wenn nötig auch zu suchen. Der wichtigste Grund ist das Glück, und Glück gibt es nur zum Preis von Echtheit und Ehrlichkeit.

Hier ist noch ein Traum zum Thema Verirrung, der mit Macht dazu auffordert, zum Entdecker zu werden:

IQ 139/w: *Als Kind/Jugendliche und Erwachsene bis zum Alter von ca. 32/35 Jahren habe ich mich oft im Traum verlaufen. Meist stand ich am Fuße einer Treppe und musste mich entscheiden, ob ich links* *oder rechts raufgehe. Egal, welche Seite ich wählte: Immer verlief ich mich – die Gebäude waren total verwinkelt ... und so kam ich nie am Ziel an ...*

Als Wunschtraum sieht das so aus: Egal, welche Richtung ich einschlage, ich will mich so bewegen, dass ich alle Überraschungen sämtlicher Winkel des Hauses erleben kann. Ich will die eingefahrenen Bahnen, die vorgegebenen Richtungsmöglichkeiten verlassen und auf Entdeckungsfahrt gehen. Das Haus ist ein eingängiges Bild für die eigene Person. Wenn man sich immer im Flur aufhält, weiß man kaum, wer man ist. Deshalb kann man auch kaum all das aus sich herausholen, was man braucht, um man selbst zu werden. Und wenn es sich im Traum jedes Mal um ein anderes Haus – oder auch eine andere Stadt – handelt, ist dies nur ein Zeichen dafür, wie viele Welten es in sich noch zu entdecken gibt.

Die Offenheit für neue Erfahrungen, die zu vielen intelligenten Menschen substanziell gehört, mag irgendwann aus irgendeinem Grund erstickt worden sein, und zwar von dem Träumer selbst. Deshalb muss die Aufgabe sein, sich dieser heiteren Art von Neugier wieder zu nähern und im konkreten Leben auszuprobieren, neugierig zu werden wie ein Kind. Gegenüber Menschen und Dingen, gegenüber Welten, die man noch nie betreten hat. Diese Neugier kann sich auf die reale Außenwelt beziehen, sie kann aber erst mal auch eine rein geistige sein. Das ist im Prinzip egal, denn es ist das Neue an sich, das entdeckt werden will, indem Sie aus Ihrem alten Ich heraustreten und über die Begegnung mit einer neuen Welt in sich entdecken, was im Ursprung zu Ihnen gehört. Das ist im Prinzip ein Trial-and-Error-Verfahren, aber die meisten Menschen ahnen, wo sie suchen müssen, weil ihre innere Stimme es ihnen zwar sehr leise, aber mehr als einmal gesagt hat. So funktioniert Verwandlung.

Lebendigkeit

Es gab da einen Graf Malte, der in Paris das Sehen lernte und aufschrieb, wie es sich anfühlt. Es ist derselbe Prozess, der stattfindet, wenn man anfängt, den Kern seiner vermeintlich bösen Träume kennenzulernen: »Ich lerne sehen. Ich weiß nicht, woran es liegt, es geht alles tiefer in mich ein und bleibt nicht an der Stelle stehen, wo es sonst immer zu Ende war. Ich habe ein Inneres, von dem ich nicht wusste. Alles geht jetzt dorthin. Ich weiß nicht, was dort geschieht. Habe ich es schon gesagt? Ich lerne sehen. Ja, ich fange an. Es geht noch schlecht. Aber ich will meine Zeit nutzen.«[153]

Angesichts eines Hospitals (Hôtel), an dem er bei seinen Streifzügen vorbeikommt, erkennt Graf Malte, dass wir uns viel zu wenig um uns selbst kümmern, weil wir viel zu gleichgültig und nachlässig geworden sind: »Dieses ausgezeichnete Hôtel ist sehr alt, schon zu König Chlodwigs Zeiten starb man darin in einigen Betten. Jetzt wird in 559 Betten gestorben. Natürlich fabrikmäßig. Bei so enormer Produktion ist der einzelne Tod nicht so gut ausgeführt, aber darauf kommt es auch nicht an. Die Masse macht es. Wer gibt heute noch etwas für einen gut ausgearbeiteten Tod? Niemand. Sogar die Reichen, die es sich doch leisten könnten, ausführlich zu sterben, fangen an, nachlässig und gleichgültig zu werden; der Wunsch, einen eigenen Tod zu haben, wird immer seltener. Eine Weile noch, und er wird ebenso selten sein wie ein eigenes Leben.«[154]

Ein eigener Tod und ein eigenes Leben. Sollte das nicht selbstverständlich sein? Tod ist tabu. Heißt das etwa, dass das Leben auch tabu ist? Nein, natürlich nicht, werden Sie sagen. Aber warum ducken sich die Leute unter den vielen kleinen Toden, die ihnen im Leben widerfahren, einfach weg, hoffen auf bessere Zeiten und meinen, die Zeit heile alle Wunden? Erstens tut sie das nicht unbedingt, und zweitens heilen alte Wunden umso besser, wenn man die Gegenwart zu nutzen weiß.

Wozu? Wofür? Nicht um abzuwarten, sondern um sich zu fragen, wozu ein Unglück – und das sind die Tode zu Lebzeiten immer – gut sein könnte. Die Antwort erhält man nicht unbedingt sofort, sondern erst, wenn man mit Beharrlichkeit am Ball bleibt und sich dieselbe Frage immer wieder stellt. Mit der Zeit lässt sie sich beantworten, und das ist die beste Medizin für alle Wunden.

Wenn jemand im Traum stirbt, ermordet wird oder Zeuge eines Mordes wird, ist das ganz ähnlich.

Einen solchen Albtraum hatte IQ 139/w: *Ein Traum, der mich in der Nacht oft heimsuchte, war der gewaltsame Tod. Ich wurde mehrere Male erschossen oder erstochen ... und ich kann mich noch sehr genau an das Gefühl erinnern, wenn es dann soweit war, dass ich umkam – es war Erleichterung ... meistens wachte ich nach dem »Tod« auf, und die Stelle, an der ich verwundet wurde, war sehr warm.*

Eine Körperstelle, die sehr warm ist, ist normalerweise gut durchblutet – ein Zeichen großer Lebendigkeit. Deshalb sollte man dieses Aufwachen nach dem Tod sehr wörtlich nehmen. Es ist eine Art Auferstehung, die Verwandlung des blinden Grafen Malte in einen Sehenden. Denn wer da, mal mit Messern und mal mit Pistolen, umgebracht wurde, ist niemand anderes als das alte Selbst, dem das Leben zu eng geworden ist und das sich deshalb häuten will wie eine Schlange oder verbrennen will wie der Vogel Phönix, um in schönsten Farben ein neues Leben zu beginnen. Wer das Blei eines Albtraums in Gold verwandeln will, fängt an, sein Leben verwandeln zu wollen. Wer anfängt, sein Leben verwandeln zu wollen, fängt damit an einer Ecke an, die ihm leichtfällt oder die ihn besonders reizt. Er fängt an, diese Ecke zu trainieren, und mit jedem kleinen Erfolg darf er wieder stolz auf sich sein.

In seinem Gedicht »Stufen« meint Hermann Hesse genau diesen Prozess der Wandlung, der aus vielen einzelnen Akten besteht, wenn er sagt:

Es muss das Herz bei jedem Lebensrufe
Bereit zum Abschied sein und Neubeginne,
Um sich in Tapferkeit und ohne Trauern

In andre, neue Bindungen zu geben.
Und jedem Anfang wohnt ein Zauber inne,
Der uns beschützt und der uns hilft zu leben.[155]

Zu leben! Selbst wenn jemand vor lauter Schreck erwacht, weil er von seinem eigenen Tod geträumt hat, sind diese Albträume Rufe des Lebens, und die lautesten Rufe des Lebens sind die Träume mit Mord und Totschlag.

Und wenn jemand anders ermordet wird? Vielleicht sogar von uns selbst? Einerseits wünschen wir uns mehr Tatkraft, wir wünschen uns mehr Mut, vielleicht wünschen wir uns sogar einen Tabubruch, nicht gerade Mord, aber etwas anderes, das zu den familiären Tabus gehört. Wir wünschen uns so viel Stärke, dass wir ein Täter sein können, um eine Tat zu vollbringen, von der uns vernünftigerweise immer abgeraten wurde. Den eigenen Weg zu finden und auch zu gehen, ist für Außenstehende oft eine Verrücktheit, aber mitunter müssen Stühle verrückt werden, damit im eigenen Haus endlich Harmonie herrscht.

Und wenn Sie verfolgt werden? Bei diesem häufigsten und am schlimmsten erlebten Albtraum tun Sie als Erstes das, was Sie bei all diesen bösen Träumen tun sollten. Versuchen Sie, den Traum als Film zu sehen, in dem Angst nicht vorkommt. Schauen Sie mit aller Sachlichkeit auf ein sachliches Geschehen wie ein Detektiv. Bauen Sie Distanz ein, vielleicht mit einem Hauch Langeweile, und essen Sie zur Not auch Popcorn.

Sie wünschen sich, verfolgt zu werden? Von wem? Dann drehen Sie sich doch endlich um, um ihm ins Gesicht zu sehen. Wir reden hier nicht von menschlichen Personen, sondern befinden uns auf einer geistigen Ebene, im Reich der Qualitäten, der Ideen, der Virtualitäten. Welche Ihrer Qualitäten ignorieren Sie standhaft und aus lauter Angst, es könnte sonst was passieren, wenn Sie ihr ein kleines Eckchen in Ihrem Haus einrichten? Und welche Idee verfolgt Sie hartnäckig, weil Sie sich einen alten persönlichen Wunsch noch immer nicht erfüllt haben? Schauen Sie sich Ihren Verfolger genau an.

Wie sieht er aus? Welche Ausstrahlung hat er? Welche Eigenschaft hat er, wenn Sie ihn nicht als Bösewicht sehen? Was zeigt er Ihnen? Auf jeden Fall etwas, das zu Ihnen gehört und das Sie endlich einlassen sollten.

Die Arbeitsgemeinschaft »Traum« der Deutschen Gesellschaft für Schlafforschung und Schlafmedizin berichtet, »dass Personen mit sogenannten dünnen Grenzen häufiger Albträume haben als andere Personen. Personen mit dünnen Grenzen sind kreativ, empathisch, offen, sensibel und üben häufig ungewöhnliche Berufe aus, allerdings können sie sich gegen Stress schlecht abgrenzen«.[156] Genau diese Merkmale treffen auf sehr viele intelligente und hochintelligente Menschen zu. Und wenn genügend Neugier herrscht, diese Offenheit für neue Erfahrungen, die dem Bedürfnis nach neuen Erfahrungen entspricht, auch zu nutzen, dann trifft die alte Volksweisheit zu: »Wo ein Wille ist, da ist ein Weg« – und sei es der unorthodoxeste Weg aller Zeiten.

Wir wünschen Ihnen eine gute Reise!

Dank

Ein Buch schreibt sich nicht jenseits der Gesellschaft. Ein Ratgeber schon gar nicht. Deshalb wollen wir an dieser Stelle den Menschen danken, die uns – jeder auf seine Weise – geholfen haben, unsere Gedanken, Ideen und Lösungsvorschläge zu sortieren.

Allen voran Rüdiger Hossiep und seinen Bochumer Team – ohne den soliden wissenschaftlichen Anker dieser Wissenschaftler wären wir in der Grauzone der Spekulationen hängengeblieben.

Sonia Gembus – unsere wunderbare Lektorin, die sowohl Balsam für die Seele als auch Funken sprühender Geist ist, hat das Schiff souverän durch manche Stürme gelenkt.

Ulrike Kretschmer – auch unsere zweite Lektorin, ebenfalls gesegnet mit Argusaugen und einem überbordenden Reichtum an grauen Zellen, hat das Schiff vor undichten Stellen bewahrt.

Eliane Reichardt – sie hat uns mit einer äußerst intensiven Reise in die Vergangenheit begeistert und bereichert.

Brigitte Brecht, Carla Jochem, Jonathan Jochem, Sabine Verbole – so viele Firstreader mit feinstem Gefühl für Sprache und Logik haben uns ihren Scharfsinn geschenkt.

Martina Niesel, noch einmal Sabine Verbole und einige, die hier namentlich nicht genannt werden wollten – wir durften sie mit Fragen löchern, um über unseren eigenen Tellerrand schauen zu können, und wurden reich beschert.

Sie alle haben dafür gesorgt, dass wir das komplexe Thema der hochbegabten Erwachsenen immer wieder auch aus einer anderen Perspektive sehen und damit einen – hoffentlich – höheren Grad an Objektivität erzielen konnten. Von ganzem Herzen: Danke!

Anmerkungen

1. Arthur Conan Doyle, Was ist Spiritismus? Bohmeier Verlag, Leipzig, 2008, Kap. 3, (Erstveröffentlichung 1921)

2. Theodor Fontane in einem Brief an seine Tochter Mete, Berlin, 14. September 1889, in: Theodor Fontane, Th. Fontanes Briefe an seine Familie, Band 2, DOGMA in Europäischer Hochschulverlag, Bremen, 2012, S. 232

3. Was der Begründer der Quantenphysik Max Planck 1919 sagte, ist noch heute der Leitsatz der Max-Planck-Gesellschaft, die mit 83 Instituten Grundlagenforschung in den Natur-, Bio-, Geistes- und Sozialwissenschaften betreibt. https://www.mpg.de/kurzportrait

4. Thomas Eckerle stellte die bisherigen Ergebnisse seiner Untersuchung auf den Jahrestagungen des Arbeitskreises AK Hochbegabung des BDP 2013 in Dachau und 2016 in Bonn vor. Eckerle testete die Intelligenz mit dem WISC IV und erhob mit dem Persönlichkeitsfragebogen für Kinder zwischen 9 und 14 von Willi Seitz und Armin Rausche (PFK 9-14) die kindliche Persönlichkeitsstruktur: Verhaltensstile, Motive und Selbstbild. Mehr zu Eckerles Arbeit auf http://www.hochbegabtenhilfe.de

5. Oscar Wilde, Sätze und Lehren zum Gebrauch für die Jugend. »Only the shallow know themselves.«, zit. nach https://de.wikiquote.org/wiki/Oscar_Wilde

6. Hermann Hesse, Demian, GW Bd. 5, Suhrkamp Verlag, Berlin, 1987, S. 7

7. Franz Kafka, Kleine Fabel, 1920, in: Franz Kafka, Beim Bau der chinesischen Mauer. Ungedruckte Erzählungen und Prosa aus dem Nachlass, herausgegeben von Max Brod mit J. Schoeps im Gustav Kiepenheuer Verlag, Berlin, 1931, S. 59, https://de.wikisource.org/wiki/Beim_Bau_der_Chinesischen_Mauer_(Sammelband)

8 http://www.focus.de/kultur/medien/lifestyle-mehr-als-jeans_id_4113755.html, am 29.3.2016

9 Andreas Fasel, Hochbegabten-Hysterie hat Deutschland erfasst, in: Die Welt, 31.1.2010, auf: http://www.welt.de/wissenschaft/article6051960/Hochbegabten-Hysterie-hat-Deutschland-erfasst.html

10 Hermann Hesse, Unterm Rad, S. Fischer Verlag, Berlin, 1905/06, Suhrkamp Verlag Berlin, 2012, S. 8

11 Sigmund Freud, Totem und Tabu, 1912–13, Studienausgabe Band IX, Kap. 4, Das Tabu und die Ambivalenz der Gefühlsregungen, S. Fischer Verlag, Frankfurt, 1974

12 Franz Mönks, Beiträge zur Begabungsforschung im Kindes- und Jugendalter, Archiv für die gesamte Psychologie 1963, S. 362–382; Kurt A. Heller, Franz J. Mönks (Hrsg.), Begabungsforschung und Begabtenförderung: der lange Weg zur Anerkennung. Schlüsseltexte von W. Stern (1916), F. J. Mönks (1963), K. A. Heller (1965) und J. S. Renzulli (1978), LIT Verlag, Münster, 2014

13 http://www.deutscherskiverband.de/ueber_uns_der_dsv_zahlen_fakten_de,470.html

14 Die alten Griechen verstanden unter dem Stigma ein optisches Zeichen, das einen Verbrecher markierte. Einem Betrüger wurde noch im 19. Jahrhundert das Ohr geschlitzt, ein Verleumder und Verräter verlor seine Zunge. Stigmatisiert wurden die Andersdenkenden, die Außenseiter. Glaubensabweichler, die nicht auf dem Scheiterhaufen landeten, mussten zu Zeiten der Inquisition das gelbe oder blaue Ketzerkreuz auf ihrer Kleidung tragen. Huren hatten im Mittelalter ein gelbes Kopftuch, einen kurzen gelben Umhang oder einen gelben Schleier zu tragen. Zur selben Zeit durften die Juden ihr Haus nicht ohne den weithin sichtbaren gelben Judenring auf ihrem Umhang verlassen. Im Dritten Reich wurde daraus der gelbe Judenstern, die Eintätowierung einer Häftlingsnummer auf dem linken Arm erfolgte in den Konzentrationslagern. Schwule KZ-Häftlinge bekamen von den Nationalsozialisten

den Rosa Winkel verpasst, ein auf der Spitze stehendes, weibliches Dreieck.

15 Bernhard Schäfers (Hrsg.), Soziologie in Deutschland, Leske + Budrich, Opladen, 1995, S. 354, zit. nach Tobias Piontek, Stigmatisierung im Erleben von Jugendlichen mit Erfahrungen in der Psychiatrie – Eine empirische Untersuchung, Masterarbeiten der Fakultät V – Diakonie, Gesundheit und Soziales der Fachhochschule Hannover, Band 1, Blumhardt-Verlag der Hochschule Hannover, 2009, S. 11, http://www.hs-hannover.de/fileadmin/media/doc/bibl/blumhardtverlag/leseprobe_ma1.pdf

16 Jürgen Hohmeier, Stigmatisierung als sozialer Definitionsprozess, in: Manfred Brusten/Jürgen Hohmeier (Hrsg.), Stigmatisierung 1, Zur Produktion gesellschaftlicher Randgruppen, Darmstadt, 1975, S. 6f., http://bidok.uibk.ac.at/library/hohmeierstigmatisierung.html

17 »The term stigma and its synonyms conceal a double perspective: (...) In the first case one deals with the plight of the discredited, in the second with that of the discreditable. This is an important difference, even though a particular stigmatized individual is likely to have experience with both situations.« Erving Goffman, Stigma: Notes on the Management of Spoiled Identity. Prentice-Hall, Upper Saddle River, Simon & Schuster, New York, 1963, Kap.: Stigma and Social Identity, S. 12

18 https://www.youtube.com/watch?v=PWxdLG2q-QA, http://www.n24.de/n24/Mediathek/Bilderserien/d/4247934/die-intelligentesten-menschen-der-welt.html?index=13, http://craftworkspainting.com/2015/01/23/top-10-intelligentesten-menschen-der-welt/

19 Detlev Liepmann, André Beauducel, Burkhard Brocke, Rudolf Amthauer, I-S-T 2000R, Intelligenz-Struktur-Test 2000R, Hogrefe, Göttingen, 2007

20 D. Wechsler (deutsche Bearbeitung: F. Petermann und U. Petermann), WAIS-IV, Wechsler Adult Intelligence Scale, Pearson, Frankfurt/M., 2012

21 Andreas Faselt, a.a.O.

22 Carl Gustav Jung, Traum und Traumdeutung, dtv, München, 2015, S. 14

23 Immanuel Kant, Über Pädagogik, 1803, in: Ders., Werke in 10 Bänden, hrsg. von Wilhelm Weischedel, Band 10, Wissenschaftliche Buchgesellschaft, Darmstadt, 1983, S. 691–764 (S. 711/A32)

24 Diese fünf Phasen bezogen sich im sogenannten Transtheoretischen Modell von James O. Prochaska, Carlo C. DiClemente und John C. Norcross von der Rhode Island University zunächst nur auf das Verhalten von Süchtigen, lassen sich aber auf jeden Lernprozess anwenden, der darauf abzielt, ein Problem zu lösen. James O. Prochaska, Carlo C. DiClemente, John C. Norcross, In search of how people change. Applications to addictive behaviors, American Psychologist, 1992, 47(9), 1102–1114

25 Martin Heidegger, Sein und Zeit, De Gruyter, Berlin, 2006 (1927), § 9, S. 42f.

26 Edward L. Deci und Richard M. Ryan, die beiden amerikanischen Psychologen, sind die Begründer der Selbstbestimmungstheorie (selfdetermination theory/SDT), die zwischen autonomer, d. h. intrinsischer, und kontrollierter Motivation unterscheidet.
    Edward L. Deci, Richard M. Ryan, Intrinsic motivation and self-determination in human behavior, Plenum, New York, 1985, und:
    Richard M. Ryan, Edward L. Deci, Selfdetermination theory and the facilitation of intrinsic motivation, social development, and well-being, in: American Psychologist, 2000, Bd. 55/1, S. 68–78

27 Holley S. Hodgins, C. Raymond Knee, The integrating self and conscious experience, in: Edward L. Deci, Richard M. Ryan (Hrsg.), Handbook of self-determination research, University of Rochester Press, Rochester, NY, 2002, S. 87–100

[28] Richard E. Tremblay et al., Physical aggression during early childhood: trajectories and predictors, in: Pediatrics – Official Journal of the American Academy of Pediatrics, 2004 July, 114(1):e43–50

[29] Steven Pinker, Gewalt – Eine neue Geschichte der Menschheit, S. Fischer, Frankfurt/M., 2011, S. 714, zit. nach Curd Michael Hockel, »Kind sein dürfen!« Ein Wegweiser der SpielFreiZeit für Kinder in Krisensituationen, in: Kinderseelen in Not – Kindliche Krisen erkennen, verstehen und handeln, Akademie Schoenbrunn, Fachtagung 2012, http://www.akademie-schoenbrunn.de/fileadmin/data_akademie/Berufliche_Schulen/Heilpaedagogik/Broschuere_Fachtag_2012.pdf

[30] »Dieser ist durch eine deutliche, emotional bedingte Selektivität des Sprechens charakterisiert, sodass das Kind in einigen Situationen spricht, in anderen definierbaren Situationen jedoch nicht. Diese Störung ist üblicherweise mit besonderen Persönlichkeitsmerkmalen wie Sozialangst, Rückzug, Empfindsamkeit oder Widerstand verbunden.«, zit. n. ICD-10-GM-2016, Internationale statistische Klassifikation der Krankheiten und verwandter Gesundheitsprobleme, 10. Revision – German Modification, herausgegeben vom Deutschen Institut für Medizinische Dokumentation und Information DIMDI im Auftrag des Bundesministeriums für Gesundheit (BMG), Springer-Verlag, Berlin Heidelberg, 2016, F94, http://www.icdcode.de/icd/code/F94.0.html

[31] Hans Ernst Teubern und Kurt Jahn (Hrsg. u. Übers.), Edward Youngs Gedanken über die Originalwerke in einem Schreiben an Samuel Richardson, 1760, zit. nach Baldur Kirchner, »Wir werden als Originale geboren, sterben aber als Kopien« – Warum wir Identität und Autonomie zur Lebensbewältigung brauchen – Vortrag, Ettenbeuren, 2016, http://www.kirchner-seminare.de/uploads/tx_downloadit/Kirchner_Texte-Wir_werden_als_Originale_geboren.pdf

[32] Der Begriff »Kontrollüberzeugung« umfasst die beiden untergeordneten Kategorien »interne Kontrolle« und »externe

Kontrolle«. Diese beiden sind identisch mit den wissenschaftlichen deutschen Begriffen der internalen und externalen Kontrolle, die den englischen Begriffen »internal control« und »external control« angeglichen wurden. Exakt heißt der Terminus »internal vs. external locus of control« und geht auf den US-amerikanischen Psychologen Julian B. Rotter zurück, der 1966 den Aufsatz »Generalized expectancies for internal versus external control of reinforcement« (in: Psychological Monographs, 1966, Vol. 80, 1–28) und den ersten Fragebogen zur Erfassung der (internen und externen) Kontrollüberzeugung bei Erwachsenen (ROT-IE) veröffentlichte.

Den Unterschied zwischen der internen und der externen Kontrolle hat die Diplom-Psychologin Maria Elisabeth Ahle sehr klar in ihrer Dissertation Elterliche Überzeugungen und Beurteilung des Fehlverhaltens gesunder und atopisch kranker Kinder, 2002, S. 33, formuliert: »Erlebt eine Person Ereignisse als Konsequenzen ihres eigenen Verhaltens, spricht man von interner Kontrolle, wird das Geschehen auf Schicksals- oder Zufallsumstände oder andere Personen zurückgeführt, die außerhalb des Einflusses der Person liegen, erlebt diese eine externale Kontrolle. Die Ausprägung dieses Merkmals hat Einfluss auf die Art der Wahrnehmung und im Weiteren auf das Verhalten.« http://webdoc.sub.gwdg.de/ebook/diss/2003/fuberlin/2003/104/Kap0.pdf

[33] Die Haus-Metapher stammt von Sigmund Freud: »…dass das Ich nicht Herr sei in seinem eigenen Haus.«, Sigmund Freud, Eine Schwierigkeit der Psychoanalyse, 1917, Gesammelte Werke, Bd. XII, Fischer Taschenbuch Verlag, Frankfurt/M., 1999, S. 11

[34] Ina Reinsch, Hochbegabung – Zu schlau für die Karriere, Süddeutsche Zeitung, 27.11.2015, http://www.sueddeutsche.de/karriere/hochbegabung-zu-schlaufuer-die-karriere-1.2755333

[35] Johann Wolfgang von Goethe, Gedichte, Ausgabe letzter Hand, 1827, Kap. 321, Zahme Xenien 3, Artemis-Verlag, Zürich, 1949,

http://gutenberg.spiegel.de/buch/gedichte-ausgabe-letzter-hand-7129/321

36 Raymond Bernard Cattel, Abilities: their structure, growth, and action, Houghton Mifflin, Boston, 1971

37 http://wirtschaftslexikon.gabler.de/Definition/intelligenz.html

38 http://www.stangl-taller.at/testexperiment/testintelligenzwasistdas.html

39 Ernst A. Hany, Modelle und Strategien zur Identifikation hochbegabter Schüler, unveröffentlichte Dissertation, Ludwig-Maximilians-Universität München, 1987

40 nach Albert Ziegler, Hochbegabung, Ernst Reinhardt Verlag, München, 2008, S. 14f.

41 Bei einem IQ-Test bedeutet der Prozentrang 98, dass statistisch nur zwei von hundert vergleichbaren Menschen besser abgeschnitten haben als der Getestete.

42 Sidney P. Marland, Education of the gifted and talented: Report to the Congress of the United States by the U.S. Commissioner of Education and background papers submitted to the U.S. Office of Education, vol. 1, Washington, DC, U.S. Government Printing Office, Gov. Documents Y4.L 11/2: G36, 1972, http://files.eric.ed.gov/fulltext/ED056243.pdf

43 Ebda, S. 20 (Übers. d. Autoren)

44 Joseph Renzulli, What Makes Giftedness? Reexamining a Definition, in: Phi Delta Kappan 60, no. 3 (November 1978): 180–184, 261; Neuabdruck in: kappanmagazine.org V92 N8 Kappan, http://mbu-gifted.wikispaces.com/file/view/What+Makes+Giftedness+-+Renzulli.pdf

45 Franz Josef Mönks, Ein interaktionales Modell der Hochbegabung, in: E. Hany, H. Nickel, (Hrsg.), Begabung und Hochbegabung. Theoretische Konzepte. Empirische Befunde. Praktische Konsequenzen, Bern, 1992, S. 17–22

46 Peers oder Peergroups sind Gruppen von Menschen im selben Alter, die einander freundschaftlich verbunden sind.

47 Kurt. A. Heller (Hrsg.), Hochbegabung im Kindes- und Jugendalter, Hogrefe, Göttingen, 2000, S. 13-40

48 Kurt A. Heller, Projektziele, Untersuchungsergebnisse und praktische Konsequenzen, in: K. Heller (Hrsg.), Hochbegabung im Kindes- und Jugendalter, Hogrefe, Göttingen, 2. Auflage, 2001, S. 24

49 Detlef H. Rost, Notwendige Klarstellungen. Zur Diskussion um Hochbegabung und Hochbegabte, in: Report Psychologie Okt. 2002, S. 629, http://www.report-psychologie.de/fileadmin/user_upload/News/Hochbegabung.pdf

50 Detlef H. Rost (Hrsg.), Lebensumweltanalyse hochbegabter Kinder. Das Marburger Hochbegabtenprojekt, Hogrefe, Göttingen, 1993, und Detlef Rost (Hrsg.), Hochbegabte und hochleistende Jugendliche. Befunde aus dem Marburger Hochbegabtenprojekt, Waxmann, Münster, 2000, S. 204, 2., erweiterte Auflage 2009

51 Rost, 2006, S. 10

52 Ebda.

53 Ebda.

54 Die berühmte, von Lewis Terman durchgeführte Langzeitstudie trägt den Titel *Genetic Studies of Genius*. Sie ist die erste Langzeitstudie, die es jemals zum Thema Hochbegabung gegeben hat. Allerdings entspricht sie nicht heutigem wissenschaftlichem Standard und ist als sehr einseitig einzuschätzen. Die Probanden – der Klügste, der Zweitklügste, der Jüngste und der Älteste einer Klasse – wurden nämlich von den Lehrern ausgewählt. Dazu kamen Geschwister. Heute weiß man, dass Lehrer allenfalls ein Viertel der hochbegabten Schüler erkennen. Das sind normalerweise die hochbegabten Hochleister. Die 1528 hochbegabten Kinder, die aufgrund der

Vorauswahl an der Studie teilnahmen, »kamen aus gutem Hause. Das sozioökonomische Niveau ihrer Herkunftsfamilien lag weit über dem Bevölkerungsdurchschnitt. Unter ihren Eltern gab es überdurchschnittlich viele Akademiker. Die Anzahl berühmter Verwandten und Vorfahren überstieg weit den Wert, den man nach dem Zufall erwarten würde. Viele ihrer Familien hatten sehr vornehme Stammbäume. Es konnte nachgewiesen werden, dass die Wohn- und Familiensituation der hochbegabten Kinder ungewöhnlich gut war. Der Lebensstandard war weit höher als in den Familien der normalbegabten, die Wohnungen waren sauberer und größer und die Eltern-Kind-Beziehungen waren besser.«
https://de.wikipedia.org/wiki/Terman-Studie

Volume 1: Lewis M. Terman, Mental and Physical Traits of a Thousand gifted Children, Stanford University Press, Stanford, CA, 1925

Volume 2: Catharine M. Cox, Genetic studies of genius, Vol. 2, The Early Mental Traits of Three Hundred Geniuses, Stanford University Press, Stanford, CA, 1926

Volume 3: Barbara S. Burks, Dortha W. Jensen, Lewis M. Terman, The Promise of Youth: Follow-up Studies of a Thousand Gifted Children, Stanford University Press, Stanford, CA, 1930

Volume 4: Lewis M. Terman, Melita Oden, The Gifted Child Grows Up: Twenty-five Years' Follow-up of a Superior Group, Stanford University Press, Stanford, CA, 1947

Volume 5: Lewis M. Terman, Melita Oden, The Gifted Group at Mid-Life: Thirty-Five Years' Follow-Up of the Superior Child, Stanford University Press, Stanford, CA, 1959

55 Marland, a.a.O., S. 28: »Exceptional capacities create problems for most people, even at the earliest ages. Young gifted Children encounter difficulties in attempting to manage and direct activities. Since their ideas differ, they lose the participation of others and find themselves marginal and isolated. Of all children in a large gifted population, those at kindergarten level were reported by teachers to have the highest incidence of poor peer relationships. This was ascribed to the lack of

experience at this age in adapting to requirements, in coping with frustrations, or in having available a repertoire of suitable substitute activities, as older pupils would.«

56 Ebda., S. 37: »Some young people with potential mask their abilities in order to adapt to a more mundane group. (...) To be gifted often is to be different and unique and, too often invisible.«

57 Angelika Dietrich, Der liebe Herrgott ist gerecht, Interview mit Detlef H. Rost, in: DIE ZEIT, 31.5.2007, Nr. 23, http://www.zeit.de/2007/23/C-Interview-Rost/seite-4

58 Rüdiger Hossiep, Philip Frieg, Renate Frank, Heinz-Detlef Scheer, Zusammenhänge zwischen Hochbegabung und berufsbezogenen Persönlichkeitseigenschaften, Ruhr-Universität Bochum, Fakultät für Psychologie, Bochum, 2013, http://www.testentwicklung.de/veroeffentlichungen/forschungsberichte/index.html.de

59 Mensaner sind die Mitglieder von Mensa, dem internationalen Verein für hochbegabte Menschen. https://www.mensa.de/netzwerk-fuer-hochbegabte/

60 Hossiep, 2013, a.a.O., S. 2

61 Rost, Notwendige Klarstellungen, a.a.O., S. 632

62 Das Selbstkonzept ist, schlicht gesagt, das Bild, das man von sich selber hat. Eva-Maria Engel hat 2015 in einer Untersuchung an Kindergarten- und Grundschulkindern festgestellt, dass auch deren Selbstkonzept mehrdimensional strukturiert ist, d.h., es lassen sich drei Bereiche unterscheiden: das Selbstkonzept der Fähigkeiten, das körperliche Selbstkonzept und das soziale Selbstkonzept. Alle befragten Kinder zeigten sich durchaus in der Lage, sich in allen drei Bereichen einzuschätzen, wobei aber die Stabilität des Selbstkonzepts bei den Grundschulkindern schon höher ausgeprägt war als bei den Vier- oder Fünfjährigen. Man ließ auch Eltern, Erzieher und Lehrer der befragten Kinder diese Fragebögen ausfüllen, wobei sich zeigte, dass die Übereinstimmung zwischen der

Selbsteinschätzung der Kinder und der Fremdeinschätzung der Eltern und der pädagogischen Fachkräfte sehr gering war. Das verdeutlicht eine sehr subjektive Sichtweise des Kindes auf sich selbst und dass Eltern und Fachkräfte die Kinder mitunter ganz anders wahrnehmen, als die Kinder sich selbst einschätzen. Siehe auch: Online Lexikon für Psychologie und Pädagogik, http://lexikon.stangl.eu/4925/selbstkonzept/

63 Rost, Notwendige Klarstellungen, S. 632

64 Verwendet wurde das Bochumer Inventar zur berufsbezogenen Persönlichkeitsbeschreibung (BIP) von Rüdiger Hossiep und Michael Paschen, Hogrefe, Göttingen, 2003

65 Ebda., S. 40

66 Ebda., S. 41

67 Ebda., S. 44

68 Ebda., S. 45

69 Ebda.

70 Ebda., S. 46

71 Ebda., S. 47

72 http://www.duden.de/rechtschreibung/soziabel

73 Rüdiger Hossiep und Michael Paschen, Bochumer Inventar zur berufsbezogenen Persönlichkeitsbeschreibung (BIP), a.a.O., S. 47

74 Ebda.

75 Ebda.

76 Ebda., S. 48

77 Ebda.

78 Ebda., S. 52

79 Ebda., S. 50

80 http://lexikon.stangl.eu/1869/neurotizismus/Online Lexikon für Psychologie und Pädagogik

81 Bertus F. Jeronimus, H. Riese, R. Sanderman & J. Ormel, Mutual Reinforcement Between Neuroticism and Life Experiences: A Five-Wave, 16-Year Study to Test Reciprocal Causation, Journal of Personality and Social Psychology, Vol 107 (4), Okt. 2014, S. 751–764, http://dx.doi.org/10.1037/a0037009

82 Rüdiger Hossiep und Michael Paschen, Bochumer Inventar zur berufsbezogenen Persönlichkeitsbeschreibung (BIP), a.a.O., S. 51

83 Immanuel Kant, Über die Pädagogik, hrsg. von Friedrich Theodor Rink nach Kants Vorlesungsmaterialien, Königsberg, 1803, S. 12, http://www2.ibw.uni-heidelberg.de/~gerstner/V-Kant_Ueber_Paedagogik.pdf

84 Rolf Oerter und Leo Montada (Hrsg.), Entwicklungspsychologie, Psychologie Verlags Union Heidelberg, 4. korr. Auflage, 1998, S. 34

85 http://www.neurologen-und-psychiater-im-netz.org/kinder-jugend-psychiatrie/warnzeichen/adoleszenz-adoleszenzkrisen/kognitive-entwicklungen/

86 Johann Wolfgang von Goethe, Faust I, Vers 4544

87 Wahrheit ist die Erfindung eines Lügners, Der Philosoph und Physiker Heinz von Foerster im Gespräch mit Bernhard Pörksen, 16.1.1998, DIE ZEIT, 04/1998, http://www.zeit.de/1998/04/Wahrheit_ist_die_Erfindung_eines_Luegners

88 Oscar Wilde, Eine Frau ohne Bedeutung, Philipp Reclam jun. Verlag, Ditzingen, 2000, 3. Akt / Lord Illingworth

89 https://www.mensa.de/netzwerk-fuer-hochbegabte

90 Rolf Oerter, Leo Montada (Hrsg.), Entwicklungspsychologie, Psychologie Verlags Union, Weinheim, 4. Auflage 1998, S. 367

91 Rosa von Praunheim, http://www.rosavonpraunheim.de/specials/schwuler_rosa.html

92 Immanuel Kant, a.a.O.

93 https://de.wikipedia.org/wiki/Nicht_der_Homosexuelle_ist_pervers,_sondern_die_Situation_in_der_er_lebt

94 Rosa von Praunheim, a.a.O.

95 Mensa, a.a.O.

96 Ebda.

97 Ilan H. Meyer, Prejudice, social stress, and mental health in lesbian, gay, and bisexual populations: Conceptual issues and research evidence, in: Psychological Bulletin, 129, 2003, 5, S. 674-697

98 Zit. nach Anne Bachmann, Lebenssituationen und Diskriminierungserfahrungen schwuler und bisexueller Männer. Senatsverwaltung für Integration, Arbeit und Soziales, Landesstelle für Gleichbehandlung – gegen Diskriminierung, Land Berlin, Wiesbaden, 2012, S. 6, https://www.berlin.de/lb/ads/_assets/schwerpunkte/lsbti/schwerpunkte/g32_lebenssituation_schwuler_bisexueller_maenner_bachmann_bf.pdf

99 Ebda., S. 93

100 Ebda., S. 37

101 Croteau, J. M. (1996), Research on the Work Experience of Lesbian, Gay, and Bisexual People: An Integrative Review of Methodology and Findings, Journal of Vocational Behavior, 48, S. 195-209

Waldo, C. R. (1999), Working in a Majority Context: A Structural Model of Heterosexism as Minority Stress in the Workplace, Journal of Counseling Psychology, 46, S. 218-232

Chrobot-Mason, D. & Thomas, K. M. (2002), Minority Employees in Majority Organizations: The Intersection of Individual and Organizational Racial Identity in the Workplace, Human Resource Development Review, 1, S. 323-344

102 Bachmann, a.a.O., S. 74

103 Ebda., S. 79

104 Ebda., S. 92

105 http://www.antidiskriminierungsstelle.de/DE/Home/home_node.html

106 http://www.antidiskriminierungsstelle.de/SharedDocs/Aktuelles/DE/2016/20160809_AGG_Evaluation.html

107 Johann Wolfgang von Goethe, Wilhelm Meisters Wanderjahre, aus: Makariens Archiv.
http://www.zeno.org/nid/20004855604

108 Oscar Wilde, Der Sozialismus und die Seele des Menschen, in: Verschollene Meister der Literatur, Band 2, Karl Schnabel Verlag, Berlin, 1904, S. 24ff., https://upload.wikimedia.org/wikipedia/commons/4/45/Drei_Essays_Oscar_Wilde.pdf

109 http://www.duden.de/rechtschreibung/echt

110 Sir Arthur Conan Doyle, Das Zeichen der Vier, S. Fischer Verlag, Frankfurt/M., 2016, S. 16

111 Sir Arthur Conan Doyle, Späte Rache, Verlag Robert Lutz, Stuttgart, o.J., Abdruck der Erinnerungen des Dr. med. John H. Watson, ehemals Feldarzt des britischen Heeres, 1. Kapitel: Mr. Sherlock Holmes

112 Sir Arthur Conan Doyle, Das Zeichen der Vier, a.a.O., S. 8f.

113 Rüdiger Hossiep, 2013, a.a.O., S. 8f.

114 Ebda., S. 9

115 Thomas Armbrüster, Authentizität ist ein Irrweg, in: Human Resources Manager, 2015,
http://www.humanresourcesmanager.de/ressorts/artikel/authentizitaet-ist-einirrweg-14161

116 Albert Einstein, Brief an Paul Ehrenfest, 4.2.1917, zit. nach Alice Calaprice (Hrsg.), Einstein sagt, Piper-Verlag, München,

Zürich, 1996, S. 139, zit. nach https://de.wikiquote.org/wiki/Albert_Einstein

117 Zit. nach Einsteinjahr 2005, Bundesministerium für Bildung und Forschung – Berlin, http://www.einsteinjahr.de/page_2874.html

118 Aus Einsteins Rede anlässlich der Eröffnung der Funkausstellung in Berlin, 1930, http://www.einstein-website.de/z_biography/redefunkausstellung.html

119 »Integrität ist das auf Erfahrungen und Erwartungen gestützte Ansehen bzw. Vertrauen, das ein Akteur A bei anderen Akteuren B (C, D usw.) hat, hinsichtlich der Berücksichtigung der (berechtigten) Interessen von B bzw. der Einhaltung von Verträgen sowie formellen und informellen Regeln. Der Aufbau von Integrität ist eng mit der Übernahme von Verantwortung verbunden.« Springer Gabler Verlag (Hrsg.), Gabler Wirtschaftslexikon, Stichwort: Integrität, http://wirtschaftslexikon.gabler.de/Definition/integritaet.html

120 http://www.management-innovation.com/download/Fuehrungskraefteentwicklung.pdf

121 http://www.wirtschaftspsychologie-aktuell.de/ausgabe-2014-4-der-wert-der-werte.html

122 Carl Gustav Jung, Traum und Traumdeutung, dtv, Frankfurt/M., 2015, S. 25

123 Carl Gustav Jung, Gesammelte Werke, Band 9/2, Walter Verlag, Olten, 1992, 8. Auflage, S. 19

124 Von Sigmund Freud und seiner Tochter Anna Freud werden folgende Strategien genannt:
    a) Kompensation ist die Verhüllung einer Schwäche durch Überbetonung eines erwünschten Charakterzuges, Frustration auf einem Gebiet wird aufgewogen durch übermäßige Befriedigung auf einem anderen.
    b) Verleugnung ist der Schutz vor einer unangenehmen Wirklichkeit durch die Weigerung, sie wahrzunehmen.

c) Verschiebung ist die Entladung von aufgestauten, gewöhnlich feindseligen Gefühlen auf Objekte, die weniger gefährlich sind als diejenigen, die die Emotion ursprünglich erregt haben.

d) Emotionale Isolierung ist die Vermeidung traumatischer Erlebnisse durch Rückzug in die Passivität.

e) Fantasie ist die Befriedigung frustrierter Wünsche durch imaginäre Erfüllung (z. B. Tagträume).

f) Identifikation ist die Erhöhung des Selbstwertgefühles durch die Identifikation mit einer Person oder Institution von hohem Rang.

g) Introjektion ist die Einverleibung äußerer Werte und Standardbegriffe in die Ich-Struktur, sodass das Individuum sie nicht mehr als Drohung von außen erleben muss.

h) Isolierung ist die Abtrennung emotionaler Regungen von angstbeladenen Situationen oder Trennung unverträglicher Strebungen durch straffe gedankliche Zergliederung. (Widersprüchliche Strebungen werden zwar beibehalten, treten aber nicht gleichzeitig ins Bewusstsein.)

i) Projektion ist die Übertragung der Missbilligung eigener Unzulänglichkeiten und unmoralischer Wünsche und Handlungen auf andere.

j) Rationalisierung ist der Versuch, sich einzureden, dass das eigene Verhalten verstandesmäßig begründet und so vor sich selbst und anderen gerechtfertigt ist.

k) Reaktionsbildung ist die Vermeidung angstbeladener Wünsche, indem gegenteilige Intentionen und Verhaltensweisen überbetont und diese als »Schutzwall« verwendet werden.

l) Regression ist der Rückzug auf eine frühere Entwicklungsstufe mit primitiveren Reaktionen und in der Regel auch niedrigerem Anspruchsniveau.

m) Verdrängung ist die Verhinderung des Eindringens unerwünschter oder gefährlicher Impulse ins Bewusstsein.

n) Sublimierung ist die Befriedigung nicht erfüllter Wünsche (sexuell) durch Ersatzhandlungen, die von der Gesellschaft akzeptiert werden.

o) Ungeschehenmachen ist das Sühneverlangen für unmoralische Wünsche und Handlungen, um diese damit aufzuheben. (Zit. nach Philip Zimbardo, Psychologie, Springer Verlag, Berlin, 1995, S. 488f.)

125 Arthur Conan Doyle, Das Geheimnis der Villa Wisteria, 1908, Erster Teil: Die Erlebnisse des Herrn John Scott Eccles, in: Der sterbende Sherlock Holmes und andere Detektivgeschichten, Frank'sche Verlagshandlung, Stuttgart, o.J.

126 Ellen Winner, Kinder voll Leidenschaft, LIT Verlag, Berlin, 2007, S. 6

127 Johannes Saltzwedel, Auf dem Schulweg: Wütende Wissbegier, 18.11.2008, http://www.spiegel.de/spiegelspecial/a-590833.html

128 Der Begriff »Nürnberger Trichter« geht auf ein 1647 in Nürnberg erschienenes Buch von Georg Philipp Harsdörffer zurück: *Poetischer Trichter. Die Teutsche Dicht- und Reimkunst, ohne Behuf der lateinischen Sprache, in VI Stunden einzugießen.* Hinter der Redewendung steckt die Vorstellung, dass das Eintrichtern von Wissen ein quasi mechanischer Vorgang ist, mit dem ein Lehrer sogar dem Dümmsten alles beibringen kann.

129 Albert Einstein, Wie ich die Welt sehe, in: Albert Einstein, Mein Weltbild, hrsg. von Carl Seelig, Ullstein Verlag, Berlin, 2005, S. 420f., Erstdruck, Querido, Amsterdam, 1934

130 »I am enough of an artist to draw freely upon my imagination. Imagination is more important than knowledge. Knowledge is limited. Imagination encircles the world.« What Life Means to Einstein: An Interview by George Sylvester Viereck, The Saturday Evening Post, 26.10.1929, S. 17, A, https://en.wikiquote.org/w/index.php?title=Albert_Einstein&action=edit&section=12

131 Carl Gustav Jung, Traum und Traumdeutung, Patmos Verlag des Schwabenverlag AG, Ostfildern, 2013, 6. Auflage, S. 74

[132] Von den folgenden Betrachtungen möchten wir die direkt durch ein Trauma verursachten Albträume ausschließen, denn sie überfordern den Laien und benötigen in jedem Fall professionelle Begleitung.

[133] American Academy of Sleep Medicine. International classification of sleep disorders, revised: Diagnostic and coding manual, Chicago, Illinois, American Academy of Sleep Medicine, 2001, http://www.esst.org/adds/ICSD.pdf, S. 163

[134] Ebda., S. 164

[135] Michael Schredl und Ruth Pallmer, Geschlechtsspezifische Unterschiede in Angstträumen von Schülerinnen und Schülern, in: Praxis der Kinderpsychologie und Kinderpsychiatrie 47, 1998, S. 469, Erstveröffentlichung: Vandenhoeck & Ruprecht, Göttingen, Saarländische Universitäts- und Landesbibliothek, Universität des Saarlandes, Saarbrücken, http://psydok.sulb.uni-saarland.de/volltexte/2012/4077/pdf/47.19987_1_40777.pdf_new.pdf

[136] Ebda., S. 471

[137] Gute Darstellungen der IRT: Johanna Thünker, Reinhard Pietrowsky, Alpträume. Ein Therapiemanual, Hogrefe, Göttingen, 2010, 106 Seiten, und Reinhard Pietrowsky, Alpträume – Fortschritte der Psychotherapie, Hogrefe, Göttingen, 2011

[138] Michael Schredl, Behandlung von Alpträumen, in: Praxis der Kinderpsychologie und Kinderpsychiatrie 55, 2006, 2, S. 132–140, Erstveröffentlichung: Vandenhoeck & Ruprecht, PsyDok Saarländische Universitäts- und Landesbibliothek Universität des Saarlandes, Campus, Gebäude B 11, Saarbrücken, http://psydok.sulb.uni-saarland.de/volltexte/2013/4647/pdf/55.20062_4_46476.pdf_new.pdf

[139] Birgit Maronde, Albträume mit Psychotherapie angehen, Medical Tribune, 12.3.2014, http://www.medical-tribune.de/medizin/fokus-medizin/artikeldetail/albtraeume-mit-psychotherapie-angehen.html

[140] Michael Schredl, Behandlung von Alpträumen, a.a.O., S. 136

141 Werner Stangl, Arbeitsblätter. Signallernen, Reiz-Reaktionslernen, S-R-Lernen, Die behavioristischen Ansätze, Linz, 2016, http://arbeitsblaetter.stangl-taller.at/LERNEN/KonditionierungKlassisch.shtml

142 Die Albträume sind gelistet unter F51.5 in: ICD-10-GM Version 2016, Systematisches Verzeichnis, Internationale statistische Klassifikation der Krankheiten und verwandter Gesundheitsprobleme, 10. Revision, hrsg. vom Deutschen Institut für Medizinische Dokumentation und Information (DIMDI) im Auftrag des Bundesministeriums für Gesundheit (BMG) unter Beteiligung der Arbeitsgruppe ICD des Kuratoriums für Fragen der Klassifikation im Gesundheitswesen (KKG), http://www.icd-code.de/icd/code/F51.5.html

143 Michael Schredl und Ruth Pallmer, Geschlechtsspezifische Unterschiede in Angstträumen von Schülerinnen und Schülern, a.a.O., S. 470

144 American Academy of Sleep Medicine. International classification of sleep disorders, revised: Diagnostic and coding manual, a.a.O., S. 163

145 Michael Schredl und Ruth Pallmer, Geschlechtsspezifische Unterschiede in Angstträumen von Schülerinnen und Schülern, a.a.O., S. 471

146 Patricia Garfield, Your Child's Dream, Ballentine, New York, 1984, zit. nach: Michael Schredl und Ruth Pallmer, Alpträume bei Kindern, Erstveröffentlichung: Vandenhoeck & Ruprecht, Göttingen, 1997, S. 44, Saarländische Universitäts- und Landesbibliothek, Universität des Saarlandes, Saarbrücken, http://psydok.sulb.uni-saarland.de/volltexte/2012/3949/pdf/46.19971_4_39495.pdf_new.pdf

147 Sigmund Freud, Die Traumdeutung, Kap. 2, Die Methode der Traumdeutung/Die Analyse eines Traummusters, Studienausgabe Band II, 1972, Erstveröffentlichung 1900, S. Fischer Verlag, Frankfurt/M., http://gutenberg.spiegel.de/buch/die-traumdeutung-907/2

148 Ebda.

149 Ebda.

150 Ebda.

151 Ebda.

152 Ebda.

153 Rainer Maria Rilke, Die Aufzeichnungen des Malte Laurids Brigge, vollständige Neuausgabe mit einer Biografie des Autors, Karl Maria Guth (Hrsg.), Berlin, 2016, S. 4, Erstdruck: Insel Verlag, Leipzig, 1910

154 Rainer Maria Rilke, Die Aufzeichnungen des Malte Laurids Brigge, a.a.O., S. 6

155 Hermann Hesse, Stufen, in: Hermann Hesse, Sämtliche Gedichte in einem Band, Suhrkamp, Frankfurt/M., 1995

156 AG Traum der Deutschen Gesellschaft für Schlafforschung und Schlafmedizin (DGSM), Sprecher: PD Dr. Michael Schredl, Schlaflabor, Zentralinstitut für Seelische Gesundheit, J 5, Mannheim, o.J., http://www.rzuser.uni-heidelberg.de/~ly8/alpbeh.pdf

Literatur und Links

Wir hatten schon ganz zu Anfang darauf hingewiesen, dass es über hochbegabte Erwachsene kaum Literatur gibt. Für eine weitere Vertiefung lohnt sich aber ein Blick in unsere Anmerkungen zur Fachliteratur mit wissenschaftlichem Standard, die online nachzulesen ist. Davon abgesehen gibt es im Web einige schon länger aktive, hilfreiche Portale, die sich direkt an hochbegabte Erwachsene wenden und die wir Ihnen ohne Anspruch auf Vollständigkeit nennen möchten.

https://www.mensa.de/
Um das Netzwerk-Angebot dieser großen Website voll nutzen zu können, muss man mit nachgewiesener Hochbegabung zwar erst einmal Mitglied werden. Das sechs Mal im Jahr erscheinende Mensa-Magazin MinD lässt sich online aber auch ohne Mitgliedschaft lesen: https://www.mensa.de/mind-magazin-archiv/. Außerdem gibt es einen Zugang zu den Terminen der nächsten drei Monate, bei denen grundsätzlich auch Gäste willkommen sind: https://mind.laterne.de/Events?mpn=Events&vs=049

http://www.hochbegabte-erwachsene.de/
Auch diese Seite ist sehr informativ mit immer wieder neuen Beiträgen über aktuelle wissenschaftliche Erkenntnisse und einem Forum, wo zwar nur Mitglieder miteinander ins Gespräch kommen, das aber auch Nicht-Mitglieder teilweise nutzen können. Außerdem gibt es hier eine kleine, überregionale Liste mit Experten für die Probleme hochbegabter Erwachsener.

http://www.stormingbrains.de/
Diese kleine, bunte Seite wendet sich an helle Köpfe, die mit ihrem wachen Verstand Menschen suchen, bei denen sie sich endlich mal normal fühlen können. Ausdrücklich muss Hochbegabung hier nicht nachgewiesen werden, um mitzumachen, und genauso ausdrücklich ist Hochbegabung hier zwar ein großes Thema, aber nicht das einzige.

https://www.facebook.com/groups/371365639641853/?fref=ts
Auf Facebook gibt es eine Gruppe mit dem Namen »Hochbegabung kennt kein Alter«. Hier tauschen sich Hochbegabte über eigene Probleme und Interessen aus. Um dieser Gruppe beizutreten und mitzureden, ist der Nachweis der Hochbegabung keine Voraussetzung.

www.polymath-systems.com/intel/hiqsocs/hiqsocs1.html
Unter dieser Adresse finden Sie eine Liste mit internationalen Hochbegabungsnetzwerken und Informationen, welche Zugangsvoraussetzungen Sie jeweils benötigen.

Der Bestseller von Rolf Sellin

Mit einem Test zur Selbsteinschätzung und vielen wirksamen Übungen hilft dieser Praxisratgeber, das Potenzial der Hochsensibilität zu erkennen, die eigene Wahrnehmung zu steuern und sich mental und energetisch besser zu schützen.

 Kösel

www.koesel.de

Das Geheimnis weiser Menschen

Die Weisheitsforscherin Judith Glück präsentiert fünf Ressourcen für ein besseres Leben: Offenheit für neue Perspektiven, Einfühlungsvermögen, Reflektiertheit, ein kluger Umgang mit den eigenen Gefühlen und Selbstvertrauen. Nutzen wir diese Fähigkeiten, kann aus Lebenserfahrung Weisheit werden.

 Kösel

www.koesel.de